国民休闲行为研究

2012~2022

李 雪◎著

中国财经出版传媒集团

经济科学出版社
Economic Science Press

·北京·

图书在版编目（CIP）数据

国民休闲行为研究：2012~2022/李雪著 . —北京：
经济科学出版社，2024.5
ISBN 978－7－5218－5891－4

Ⅰ.①国…　Ⅱ.①李…　Ⅲ.①群众文化-休闲娱乐-
研究-中国-2012~2022　Ⅳ.①G241.3

中国国家版本馆 CIP 数据核字（2024）第 098993 号

责任编辑：张　蕾
责任校对：刘　昕
责任印制：邱　天

国民休闲行为研究：2012~2022
李 雪 著
经济科学出版社出版、发行　新华书店经销
社址：北京市海淀区阜成路甲 28 号　邮编：100142
应用经济分社电话：010－88191375　发行部电话：010－88191522
网址：www. esp. com. cn
电子邮箱：esp@ esp. com. cn
天猫网店：经济科学出版社旗舰店
网址：http://jjkxcbs. tmall. com
固安华明印业有限公司印装
710×1000　16 开　8.75 印张　150000 字
2024 年 6 月第 1 版　2024 年 6 月第 1 次印刷
ISBN 978－7－5218－5891－4　定价：65.00 元
（图书出现印装问题，本社负责调换。电话：010－88191545）
（版权所有　侵权必究　打击盗版　举报热线：010－88191661
QQ：2242791300　营销中心电话：010－88191537
电子邮箱：dbts@ esp. com. cn）

前　言

　　休闲，既是人们放松身心、缓解压力、追求愉悦和健康快乐的生活方式，也是人们促进社会交往、提高生活质量和增进人际关系的基本需求。无论是与家人朋友一起逛公园、看电影、打游戏，还是独自读书、听音乐、做运动，这些休闲方式在让人们享受多彩美好生活的同时，感受到了满满的幸福感和获得感。伴随国民休闲意识的不断觉醒与休闲权利的日渐彰显，休闲已成为我国城乡居民日常生活的刚性需求和重要组成部分。在这种宏观背景下，深入研究、了解国民休闲行为，具有多重现实意义。一方面，通过休闲行为研究，可以更好地了解人们的健康需求和健康行为，为开展健康教育和健康管理提供科学依据，以促进人们的身心健康、提高人民群众的身体素质和生活质量；另一方面，深入了解人们的休闲消费习惯、休闲活动偏好和生活态度，有助于企业更好地了解市场需求和消费者心理，以提供更加符合国民需求的产品和服务，为社会经济发展注入新的动能；此外，对国民休闲行为进行研究，有助于政府制定相关政策和措施，提供更加优质的公共服务和休闲设施，以提升国民休闲品质、促进社会和谐稳定。

　　为全面把握城乡居民休闲需求特征及变化规律，稳步落实《国民旅游休闲发展纲要（2022—2030 年)》，有效支撑国民休闲的公共服务政策创新和市场空间拓展，本书从休闲时间、休闲空间和休闲活动三个维度构建国民休闲调查理论体系，依托中国旅游研究院（文化和旅游部数据中心）自主网络平台，对北京、上海、广州、成都、西安、长沙、沈阳、武汉、南京、杭州 10 个样本城市进行问卷调查，运用清洗后的数据从宏观层面对城镇居民、农村居民与退休居民等不同群体、不同属性人群近十年的休闲行为特征与变化趋势进行系统研究；以国民休闲重要的综合性空间载体——休闲街区、商圈为研究对象，选取北京南锣鼓巷、三里屯、蓝色港湾，成都宽窄巷子，上海南京路等10个知名街区、商圈为案例地，从微观视角探索国民休闲需求，从空间、功能、形象等多维视角刻画深受游客和当地居民喜爱的旅游休闲街区应具备的基本元素与特征，进而以需求为导向构建旅游休闲街区建设方向。最后，基于政策分析与国民休闲行为研究，本书分析了国民休闲呈现出的趋势性特征，提出了推进国民休闲发展、提升国民休闲品质的对策建议。

本书在撰写过程中得到了中国旅游研究院规划与休闲研究所吴丰林博士、黄璜博士、郭娜博士的帮助。本书也得到文化和旅游宏观决策课题重点项目"国家级旅游休闲街区：多维解构与创建路径"（项目编号：2021HGJCK10）的资助，对此表示感谢。此外，本书在出版过程中得到了经济科学出版社张蕾老师的大力帮助。在全书付梓之际，我再一次对他们的帮助表示衷心而诚挚的感谢。当然，还要感谢著作中被引用到的文献作者。虽然本书在成文过程中，力争对所有引文和资料出处做了注明，但仍恐有遗漏标注者，对此深表歉意。由于本书写作过于仓促，且受个人研究水平所限，书中难免存在不足和疏漏之处，敬请专家和广大阅读者批评指正。

李 雪

2023 年 12 月

目　录
Contents

第 1 章

绪论

1.1 休闲含义界定

1.1.1 休闲的内涵

从"休闲"中文词源来看，先秦汉语中并没有"休闲"一词，而是单一的"休"和"闲"两个词（王静，2007）。《说文解字》中"休"的释义为："休，息止也，从人依木。"意思是指，古时人们在田间劳作，身体劳累的时候，就倚靠树木或者坐在树下休息，消除身体疲劳。《尔雅》将"休"解释为："休，息也。"《易·大有》中有"顺天休命。"郑玄笺"休，美也。"人能倚靠树木或在树荫下休息，暂时获得劳作之余的自由，是让人愉悦的事情。可以看出，"休"是一个会意字，本身即为休息之义。此后，"休"的意义不断丰富和拓展，有停止、结束、休闲、喜悦之义，等等。"闲"字，《说文解字》解释为："閑，闌也。从门中有木。"意为立在房门与卧床之间的木屏，亦指在门的外面竖上栅栏，以之为边界。如《论语·子张》有："大德不逾闲，小德出入可也。"《诗·商颂·殷武》又有："松桷有梴，旅楹有闲，寝成孔安。"可见，"闲"首先是一个表示范围的概念。由此引申出动词属性，有遮挡、遮蔽、隐藏之义，如《广雅·释诂二》中"閑，遮也"。《广韵·山韵》中"閑，防也，御也"。《太玄·闲》中"閑其藏，固珍宝"。《书·毕命》中"虽收放心，閑之惟艰"。根据《说文解字》，"闲"本身就有形容词词性，为月夜里无为、清静自在的意思。如《淮南子·本经》中"质真而素朴，闲静而不躁。"《楚辞》中

"像设居室，静闲安些。"在此基础上，又引申出四层释义，一是形容词，意指时间上自由的；二是名词，即为可自由支配的时间；三是空着的，未派上用场的，如唐·李白《行路难》中"闲来垂钓。"唐·王维《鸟鸣涧》中"人闲桂花落。"唐·白居易《观刈麦》中"田家少闲月，五月人倍忙。"四是副词，指无目的地，无意义地，如闲聊、闲逛之义。"休闲"一词首次连用出现于魏晋时期曹植的《吁嗟篇》中，至唐朝开始于文书和文学作品中被普遍使用，成为了中国古代书面文字表述中的固定搭配（马颖杰，2023）。《辞海》将"休闲"解释为：农田在一定时间内不种作物，借以休养地力的措施。无论是《说文解字》还是《辞海》对"休""闲"以及"休闲"的解释，都表示休闲是先民劳作生活中人、物（农田）休养生息所必需的一个过程。

从经济史观方法论来看，休闲是社会经济发展到一定阶段、在一定时空背景下产生的一种生活理念与方式，其内容与形式体现了不同时代的经济与文化特征。今天我们看到的，包括位于绍兴王羲之"鹅池"的"流觞曲水"遗址、五代顾闳中的《韩熙载夜宴图》、北宋张择端的《清明上河图》和孟元老的《东京梦华录》，分别用实物、图画、文字记录了中国封建社会不同时期、不同阶层的闲暇时间生活（申葆嘉，2005）。陈顺宣（2006）指出，清代余洪年《舟中札记》中对"三十六着"的阐述，就是对休闲生活的一种概括："三十六着者，犹言三十六种行事也。列举如下：远足、弹琴、读书、垂钓、赏月、看花、饮酒、吟诗、会友、策马、乘车、游山、玩水、闲谈、独唱、击筑、拍板、临池、绘画、听曲、围棋、餐荚、品茗、泛舟、捕鸟、捶鼓、踏青、游园、省亲、夜宴、玩玉、投壶、猜谜、讴歌、观灯、习武"。古代，人们日出而作、日落而息，缺少可用于上述休闲活动的闲暇时间，而随着人类文明的进步和假期制度的逐步落实，休闲越来越成为一种重要的社会现象，逐渐成为人们日常社会生活的重要组成部分。从广义视角来看，休闲具有三种含义：一是指闲暇时间；二是指特定的闲暇活动；三是指在休闲活动中人的精神状态，即达到身心的放松和精神的愉悦。而从狭义上来看，休闲是指在非劳动以及非工作时间内以各种"玩"的方式求得身心的调节与放松，达到生命保健、体能恢复、身心愉悦目的的一种业余生活，即人们在可自由支配时间内自主选择能够带来身心愉悦、精神满足和自我实现与发展的个人偏好性活动（陈顺宣，2006），而与这些活动相关的条件或属性有休闲时间、休闲空间等。本书相关研究，即从狭义休闲出发，对国民休闲行为进行研究。

1.1.2 休闲与旅游的关系

休闲与旅游，既有共同点，也有差异性。诸多学者认为，休闲与旅游是相互包含、彼此依存的关系。根据前文研究，休闲是人们在劳作、工作或劳动之余所从事的一切使身心放松的活动的总称。关于旅游，国内外旅游学界、研究机构进行了多种界定。其中，联合国世界旅游组织对旅游活动的定义得到广泛认可，界定旅游为：人们由于休闲、事务和其他目的而到惯常环境之外的地方旅行，其连续停留时间不超过一年的活动。根据文化和旅游部制定、国家统计局批准的《全国文化文物和旅游统计调查制度》，旅游是不以谋求职业或获取报酬为目的，离开常住国（或常住地），在外停留超过6小时，但不足12个月，到他国家（或国内其他地方）（旅行距离超过10公里）参观、游览、度假、探亲访友、疗养、出差（包括考察、参加会议、商务、销售等）或从事经济、科技、文化、教育、宗教等方面的活动。休闲与旅游具有显著差异性，也具有一定相似性。

休闲与旅游的差异性体现在三个方面：一是从时间和空间来看，旅游可以是短期或长期的活动，涉及空间的迁移，是物理位置的移动，从一个地方到另一个地方观光游览、休闲度假、探亲访友、保健疗养、购物娱乐、学习交流、会议培训等；休闲着眼于休养生息的状态，而不是时间限定、空间改变，可以随时随地进行，不要求连续，更容易进行。二是从涉及产业来看，旅游发生在异地，具有多样性、综合性的特点，与多个消费产业部门如餐饮、娱乐、购物密切相关；休闲因其灵活易行的特点，关系吃、穿、住、用、行等更多的行业，它的涵盖面更为广泛。三是从方式上来看，休闲活动也更加接近日常生活，如餐饮、娱乐、购物、体育、文化休闲等（见表1-1）。

表1-1　　　　　　　　　　　　　国民休闲活动分类

休闲活动类型	具体休闲活动
消费购物	外出就餐
	实地购物
	美容、美发、美甲
	洗浴、按摩
	咖啡厅、茶馆、酒吧
	KTV 唱歌
	游乐游艺
	DIY 手工坊
	……
文化休闲	看电影
	听戏剧、歌剧、音乐剧
	参观博物馆、展览馆、科技馆、艺术馆、名人故居等
	实地看文艺演出、体育比赛等
	书店、图书馆
	学习科学文化知识
	书法、绘画、集邮等活动
	……
体育健身	健身中心、舞蹈瑜伽等
	球类运动
	游泳
	跑步、骑行
	散步遛弯
	唱歌、跳舞、广场舞等
	武术、太极、响鞭、陀螺等传统体育锻炼活动
	……

续表

休闲活动类型	具体休闲活动
居家休闲	家庭内聊天
	亲戚朋友串门
	看电视、听广播或音乐
	玩游戏、玩手机、玩 pad（平板电脑）
	上网；微博、B 站、抖音等新媒体
	打牌、打麻将（和真人在牌桌上）
	无事休闲（闲呆、闭目养神、喝茶）
	养花草、养宠物
	室内装饰
	……

　　休闲与旅游的共同点则体现在以下几个方面：一是时间使用诉求相同。休闲与旅游都是帮助人们更好地利用时间，促进身心平衡，以便于精神饱满地投入新的工作学习中。二是社会基础相同。只有经济社会发展、物质生活满足了人们的基本需要，可自由支配的闲暇时间较多时，休闲和旅游才能成为一种自然而然的需求，满足更高级的享受。价值观的改变是以物质及经济状况为基础的，人们意识到了生活质量、享受生活的重要性，对休闲和旅游的关注也日益增多。三是社会功能相同。休闲和旅游都可以成为一个地方的经济支柱，对扩大内需、促进就业、刺激消费、拉动经济增长有重要作用。依靠休闲和旅游带动起来的地区，在文化建设、环境卫生、市容市貌、公共服务上也会有极大的改善。四是两者的定义外延同样模糊。休闲和旅游都是综合性的产业，与国民经济的多个部门关系紧密，包括交通、游览、住宿、购物、娱乐、餐饮等，这是一个庞杂的产业集群，涉及多个消费领域。

1.2　国内休闲行为相关研究进展

　　随着休闲日益成为国民大众的基本生活需求，越来越多的国内外学者开始聚焦休闲行为呈现出的基本特征，并对其影响因素进行了深入研究。相关研究多是基于不同的理论基础或从不同视角出发，对特定群体，如城市居民、老年人、大学生、女性群体等，或特定地区不同群体的休闲行为进行分析。

1.2.1 休闲行为特征相关研究

1.2.1.1 城市居民休闲行为特征研究

有关城市居民休闲行为的相关研究成果颇多，基本是从休闲活动、休闲时间以及消费水平等方面进行分析。杨国良（2002）通过对成都市1673名普通市民和1893名在茶楼、公园、电影院等场所的休闲者进行问卷调查和访谈发现，休闲活动选择与闲暇时间紧密相关，如工作日城市居民选择散步休闲的受访者占比较多，而双休日探亲访友、看电影和文艺演出、去茶楼和歌舞厅娱乐的人数占比明显增多。具体到休闲频率，不同性别、年龄、职业和文化程度的受访者存在明显区别，总体上，男性较女性休闲频率高，高学历、白领人群进行休闲活动的次数明显高于低学历人群；而休闲时间，又与受访者闲暇时间、经济实力等因素相关。具体到休闲消费支出，中年、白领、高学历人群休闲费用较高，而老年人受朴素消费观念等因素影响，休闲消费支出相对较少。刘丽敏（2018）对北京城市居民周末户外休闲行为进行研究发现，在一天中中午前后是居民周末外出休闲的高峰期，而"北密南疏、内密外疏"则构成了户外休闲活动的空间分布特征，总体上，城市居民户外休闲行为受内在休闲消费需求与外在自然环境、休闲场所以及市政交通等多种因素的共同影响。吕勤（2014）对北京城市居民休闲行为进行持续跟踪调研发现，网络休闲已成为全民休闲的重要方式，与此同时，休闲市场也不断细分，具体表现为高学历人群更注重精神领域的追求，如参加学习班、参观博物馆等，而低学历人群一般都喜欢娱乐消遣活动，与此同时，企事业管理人员、专业或文教技术人员、学生等人群自我实现的休闲动机比较突出，更加注重自我发展、社会交往和享受型的休闲活动，如商务休闲、体育休闲、保健养生、禅修和生活购物等。

齐兰兰和周素红（2017）以广州市居民活动日志问卷调查数据为基础，从休闲活动频次及时长、休闲活动的时间集聚、距离分布、时空分布密度和时空集聚特征等方面分析居民休闲活动特征，研究发现城市居民工作日与休息日的休闲时长、休闲空间变化呈现不同特征，而不同阶层居民也具有相异的休闲行为表现。具体为，居民休息日的休闲活动持续时间与工作日相比明显增长，与低阶层居民相比，高阶层居民工作日休闲时间长、休息日休闲频次高；就休闲空间来看，中高阶层以上居民工作日晚间休闲活动集聚范围明显比休息日收缩，而低阶层居民晚间休闲活动集聚范围明显比白天收缩。而黄红迷等（2015）对福州市闽侯县甘蔗街道居民的调查发现，居民工作日、周末及节假日的休闲方式几乎相同，以看电视、上网和逛商场为主，其次是兴趣；此外，研究还发现，当地居民文化程度普遍不高，是导致休闲质量不高的主要原因。

刘炳献（2016）对珠海市民的休闲行为研究表明，居民日常休闲活动集中在居住地附近，且主要以玩手机、看电视、上网、体育健身、聊天和逛街等活动为主，市民对珠海市自然环境最为满意，而对城市休闲环境的评价则偏中性，如，市民普遍认为博物馆、文化馆等文化类休闲空间明显不足。金仁重（2015）分析济源市国民旅游休闲行为发现，随着生活水平的提高，城市居民休闲消费占总家庭支出的比例持续增长，休闲时间较以往有所增加，而休闲活动日趋理性，呈现出日益时尚化、个性化、常态化、健康化态势。总体上，越来越多的人更加愿意参与各种动态的活动，比如散步、打球、游泳、广场舞、户外运动等，而具体从休闲活动的性别偏好来看，女性主要选择美容护肤、美体塑身、温泉疗养、推拿按摩等休闲消费；男性主要选择运动健身、温泉疗养、骑单车等休闲活动。李春程等（2015）对福州居民环境意识和旅游休闲行为的调查发现，与农村居民相比，城镇居民在环境意识和旅游休闲行为的参与方面明显要高一些，其中，女性居民的这一特征则更为明显。

此外，还有诸多学者专门对女性城市居民、女性职工的休闲行为特征进行研究。郑春霞和陶伟（2007）以广州高校为案例地，从日常休闲动机、休闲决策行为等方面探讨了高校女性教职工的日常休闲行为，发现休闲放松、调剂精神、摆脱压力、锻炼身体等是其日常主要休闲动机；从休闲行为特征来看，室内休闲时间总量明显高于户外，且日常休闲空间范围集中在家里或居住区附近，而工作单位附近和离居住区较远的地方则很少去，这一定程度上反映了高校女性教职工的休闲生活质量并不高。赫巾齐（2015）对50位职业女性的访谈也反映了同样的特征，即其参与各项休闲活动的频率不均，且仍以传统的户内休闲为主。李翠林和杜豪楠（2021）对乌鲁木齐女性白领这一特殊群体进行研究发现，其休闲行为较为单一、户外休闲意识较弱，多以"放松身心、怡情养性"为休闲目的，主要进行参观访问、健身、看电影等休闲活动。杨香花等（2012）以佛山市城市女性为研究对象，系统分析其休闲消费前、中、后三个阶段的休闲行为特征，结果表明，佛山城市女性休闲仍处于较低的层次与水平，休闲动机多样，总体以缓解压力为主，同时她们对休闲场所和休闲服务的满意度水平一般。洪秋艳（2011）对泉州城市白领女性的休闲行为进行研究发现，其休闲消费能力较高，休闲内容、时空选择与收入、婚姻家庭状况等因素相关，总体的休闲满意度一般。黄春晓和何流（2007）对南京女性居民日常休闲时间、休闲方式等行为特征的研究发现，女性日常休闲活动对城市公共空间的影响正在超过男性。此外，曹保彦（2020）、王萌等（2018）对骑行等体育休闲爱好者进行了专项研究，结果表明，锻炼身体、放松娱乐和结交朋友等是其进行休闲活动的主要目的。

1.2.1.2　大学生休闲行为特征

大学生这一特殊群体的休闲行为对于引领休闲消费、优化休闲供给具有重要指导意义，引起了学界广泛关注，不断成为诸多学者的研究重点。徐秀玉等（2008）对广州市大学生群体周末休闲行为进行研究发现，其休闲活动以宿舍为中心、以校内或校外一公里为空间活动半径；从休闲方式来看，尽管户外积极休闲的需求高涨，但受经济因素等制约，大多数大学生选择在宿舍里玩网络游戏、聊天、看书、看报纸等休闲活动。王姝杰等（2011）对海南师范大学生群体周末休闲行为的研究得出了同样的结论，即大学生们休闲活动集中在校园及其附近范围，而上网与睡觉则成为学生在闲暇时间内最为普遍的活动。吕勤和王萍（2008）以开放式问卷的方式对北京市 600 名学生的休闲行为和休闲动机进行了调查，结果表明大学生休闲态度积极，休闲动机以扩大视野、增长见识，放松休息、缓解压力，锻炼身体、保持健康，社交友谊、联络感情等为主，休闲活动集中在娱乐放松、健身休息等方面，具体以运动、看闲书、看电视、上网、听音乐、玩游戏和看电影等为主。麦雪萍（2013）采用问卷调查法对广东省部分高校学生休闲行为和休闲价值取向进行了研究，结果表明广东省大学生业余生活中，打扑克、下棋、打麻将、上网聊天、打游戏、看休闲杂志或小说等静态休闲活动占据了主导地位，而运动健身、近郊旅游、逛商场等动态休闲活动居于次要地位，与此同时还发现单独休闲多于社交休闲，其休闲中重休息、轻休养的价值取向反映了当前大学生休闲观的偏颇和大学休闲教育的缺失。曾晓花（2015）对大学生周中、周末不同时段的休闲行为进行调研发现，周一到周五时间段，大学生休闲活动较少，主要参与上网、看课外书、闲聊、体育健身等消遣娱乐类、延伸学习类和体育休闲类休闲活动，而周末及节假日，其休闲活动更为多样化，主要有朋友聚会、逛街购物、逛公园、旅游等方式，尽管大学生没有实现"创造型或积极参与型"等高层次休闲，但其对休闲行为和休闲活动具有较好的认知，为其步入社会后构建健康的休闲观具有重要作用。

此外，多项研究表明，依赖现代科技发展而衍生的网络虚拟社会对大学生休闲行为产生了较大影响。大学生更愿意利用宅家宅寝室、周末（假期）等连块时间进行虚拟化休闲，且每天点击休闲娱乐程序、体验休闲活动的频次较高，时间较长（甫鹏帆和刘丽华，2014；朱德琼，2020）。王敏（2018）剖析了网络游戏与大学生休闲行为异化的关系，认为行为消费化、休闲品味低俗化、休闲目的虚无化是大学生休闲行为异化的具体表现形式。网络虚拟社会对闲暇时间充裕的大学生而言是一把双刃剑，若是缺乏科学的规划和理性的引导会给大学生带来负面的影响。

1.2.1.3　老年人休闲行为特征

随着人口老龄化进程的不断加速，老年人的休闲行为及其休闲满意度成为不可忽视的社会问题，受到广泛关注和重视。陈金华和李洪波（2007）对泉州市老年人休闲行为进行研究发现，老年人在日常生活中比较重视益智、康体等积极健康的休闲生活方式，但老年人的休闲质量普遍不高。王蕾等（2011）对北京市老年人2000年、2010年的休闲行为特征进行对比发现，十年间，老年人的闲暇时间有所增多，男性与女性的休闲时间差距在缩小，越来越多的老年女性从家务劳动中解脱参与到户外休闲活动中；此外，市区公园绿地一直是老年户外休闲的主要场所，离家近、环境优美仍是老年人选择户外休闲场所的首要因素，但随着公共交通与自驾车的普及，老年人休闲半径略有扩大；从休闲方式来看，消费结构由单一化向多元化转变。

对老年人来讲，锻炼身体和放松身心是其参与户外休闲的主要动机，休闲活动也以健身锻炼为主。蒋作明和曾坚萍（2015）采用问卷调查等方法对淮北市相山公园内老年人的休闲行为进行研究发现，多数老年人每天进行两小时的健身休闲活动，主要方式有健身、交流、静享、益智、怡情和公益活动。孙樱等（2001）对北京市区50位退休老人四季休闲行为的跟踪调查发现，男性休闲时间高于女性，尤其是在公园的休闲时间明显高于女性；老年人休闲活动偏好随年龄增长有所变化，低领老年人喜爱旅游、练书法等怡情型休闲活动，而高龄老人则喜欢与家人朋友聊天、看电视、看书报等交流型或益智型休闲活动，从休闲活动空间范围来看，低龄老人活动范围要大于高龄老人；不同文化程度、不同收入水平的老年人在休闲活动选择、休闲空间范围上也呈现一定的差异性。

总体上，老年人的休闲行为在时空上存在一定的规律性，受健康状况和出行能力的影响，多数老年人休闲休息圈基本集中在社区一公里范围之内，不同社会经济属性老年人的休闲空间存在差异性。从时间上看，清晨和午后是老年人休闲活动的高峰期，在晚间休闲活动中，女性老年人的参与率更高。

1.2.2 休闲行为影响因素相关研究

休闲行为受个人因素、社会因素、文化因素等多方面的综合影响。回顾分析近年来相关研究成果，休闲行为影响因素大致可归纳为个人因素、人际因素和结构性因素三类。

性别、年龄、收入、教育程度、健康状况、行为偏好等个人因素与休闲行为密切相关。韦耀阳和许怡（2020）对大学生休闲动机与休闲行为的关系研究中，明确分析了家庭经济状况、是否独生子女、性别以及专业差别等因素对大学生休闲行为的影响。孙姗姗（2015）采用问卷调查与实地考察相结合的调查方法对西安市雁塔区蛙牙公园的休闲群体行为特征进行研究，发现不同群体居民在休闲动机与休闲活动方面的显著差异性，受居民个体特征以及休闲决策时客观因素等多方面的影响。

人际因素则主要表现为休闲行为受个体社交圈内其他人休闲偏好以及个体对他人评价重视程度的影响。谢进红和黄惠燕（2015）认为，亲近的朋友和家人可能会更容易对休闲行为产生积极的影响，而社交网络上的虚拟"朋友"可能会对休闲行为产生消极的影响。研究发现，一些人可能更加注重和重视自己在朋友、家人、同事中的形象和角色，因此在选择休闲活动时会考虑它们是否能够提高自己的社交地位和获得认可。另外，个人在参与休闲活动时也可能受他人评价和意见的影响，这也会对个人的参与程度和体验产生一定的影响。

结构性因素更多表现为外部环境，如自然环境、社会环境、制度政策等。程淑贤等（2022）通过比较合肥市单位房、商品房和公租房三类典型社区中老年人的休闲行为，发现不同类型社区中老年人的休闲活动水平存在显著的差异性，如居住在单位房社区的老年人休闲频率最高，而公租房社区的老年人最低，这在一定程度上与社区治安、绿化、步行环境以及公共服务设施的丰富与完善程度等因素密切相关。张玲玲等（2021）、解紫丹（2013）、史春云等（2017）分别论证了社区路网、地铁开通运行以及绿地空间免费开放与休闲行为之间的关联。

1.2.3　休闲行为相关研究述评

综上所述，随着休闲在人们日常生活中的地位日益凸显，有关休闲行为的研究成果日渐丰富，取得了较大进展。

从研究对象来看，国内研究多是对单一案例地，如成都、北京、广州、珠海、福州等城市特定群体的休闲行为特征进行描述与调查，尽管涉及城市居民、大学生、老年人等不同群体，甚至对不同属性人群进行了对比研究，但与大众休闲研究需求相比，覆盖面仍有所欠缺。

从研究尺度来看，多为微观尺度上的单一群体的休闲行为分析，宏观尺度的相关研究尚显不足，缺乏对不同群体不同属性人群休闲行为的系统性研究，尚未构建大众休闲视角的国民休闲调查体系。

从具体研究内容来看，涉及休闲方式、休闲动机、休闲频率、休闲时间、休闲费用、休闲空间等多重角度。总体上，休闲时间、休闲活动（内容）、休闲空间等构成了基本关注点，这一定程度上反映了休闲行为研究的关键要素。

鉴于上述考虑，同时也为了更加全面地把握城乡居民休闲需求特征及变化规律，本研究拟从休闲时间、休闲空间和休闲活动三个维度构建国民休闲调查理论体系，从宏观层面对近十年城镇居民、农村居民与退休居民等不同群体、不同属性人群的休闲行为及其变化趋势进行系统研究，以为国民休闲的公共服务政策创新和市场空间拓展提供有效支撑。

1.3　本研究主要框架内容

本研究从休闲时间、休闲空间和休闲活动三个维度构建国民休闲调查理论体系，依托中国旅游研究院（文化和旅游部数据中心）自主网络平台，对北京、上海、广州、成都、西安、长沙、沈阳、武汉、南京、杭州10个样本城市进行问卷调查，运用清洗后的数据从宏观层面对近十年城镇居民、农村居民与退休居民等不同群体、不同属性人群的休闲行为进行系统研究；进而以国民休闲重要的综合性空间载体——休闲街区、商圈为研究对象，选取北京南锣鼓巷、三里屯、蓝色港湾，成都宽窄巷子，上海南京路等10个知名街区、商圈为案例地，从微观视角探索国民休闲需求。具体包括以下5个章节。

第1章为绪论。主要是在对休闲含义进行界定的基础上，对国内休闲行为相关研究成果进行回顾，提出本研究的主要内容框架。

第2章为休闲行为相关基础研究。主要包括理论基础分析、国民休闲行为调查体系构建等内容。

第3章为宏观层面：2012～2022年国民休闲行为特征。主要是从政策视角、社会经济、休假制度、基础设施与公共服务配套等方面分析了国民休闲发展的宏观环境，进而从休闲时间、休闲活动和休闲空间范围三个维度对城镇居民、农村居民以及退休居民等不同群体不同时段、不同属性人群的休闲消费行为进行调查，总结疫情前国民休闲行为规律性特征，分析疫情后国民休闲行为呈现出的变化特征，以为国民休闲公共服务政策创新和市场空间拓展提供有效支撑。

第4章为微观层面：国民休闲综合性空间载体——旅游休闲街区与商圈。主要以10家旅游休闲街区为案例，从微观视角探索国民休闲需求，从空间、功能、形象等多维视角刻画深受游客和当地居民喜爱的旅游休闲街区应具备的基本元素与特征，进而以需求为导向构建旅游休闲街区建设方向。

第5章为国民休闲发展趋势与建议。这一部分基于政策分析与国民休闲行为研究，分析了国民休闲呈现出的趋势性特征，提出了推进国民休闲发展、提升国民休闲品质的对策建议。如图1-1所示。

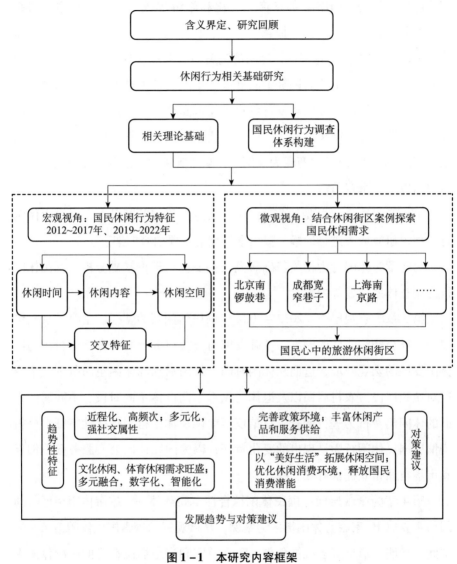

图1-1 本研究内容框架

第 2 章

休闲行为相关基础研究

2.1 休闲行为研究相关理论基础

2.1.1 马斯洛需求层次理论

美国著名心理学家亚伯拉罕·马斯洛（Maslow. A. H. , 1943）提出了需求层次理论。这一理论将人类需求归纳为 5 个层次，从低到高依次为：生理需求、安全需求、社交需求、尊重需求和自我实现需求。当一种需求得到满足以后，这一需求就不再作为行为的推动力，而未满足的需求则重新成为行为的推动力，支配个体去获得满足，即当低级层次需求得到满足后，人们就开始追求高层次的需求（王君飞，2009）。

根据马斯洛需求层次理论，休闲活动可以满足个体不同层次的需求：一是生理需求：休闲活动可以满足个体的基本生理需求，如锻炼身体、休息放松等。二是安全需求：休闲活动可以提供安全感和稳定性，如参加安全有保障的户外活动或去健身房健身等。三是社交需求：休闲活动可以促进个体与他人建立关系和互动，增加社交体验。四是尊重需求：休闲活动可以提供成就感和自尊心满足，如探险、学习等。五是自我实现需求：休闲活动可以为个体提供追求个性化和全面发展的机会，如学习、音乐、艺术等。

马斯洛需求层次理论常被用于研究休闲动机的产生，常与休闲需求、休闲满意度、主观幸福感等理论结合起来进行研究。迪纳尔（Diener，2000）研究了户外活动与人们的心理满足及主观幸福感之间的关系，认为动机的产生和需求的满足会对休闲生活满意度产生积极影响。还有部分学者通过构建概念性框架来验证休闲动机、休闲满意度和主观幸福感之间的关联，或休闲动机、休闲参与和休闲满意度之间的相关关系（陈彦宏，2008；Chen et al.，2013）。需求层次理论也常被用于开发休闲需求的量表，用于对休闲动机进行量化（宋瑞，2014），也有被用于探索个体休闲行为的产生动机等方面。

2.1.2　计划行为理论

计划行为理论（theory of planned behavior，TPB）是由社会心理学家艾伦·艾杜斯（Icek Ajzen，1985）提出的一种行为分析理论。该理论认为人的行为具有复杂性、是经过深思熟虑计划的结果。人的行为意愿主要受行为态度、主观规范和知觉行为控制等因素的影响。此外，除了态度和主观规范影响，自信、能力、个体差异等内在因素及时间、机会等外在因素也会对人的行为产生影响（Ajzen，1985）。

国内外学者将计划行为理论运用到休闲行为意向研究中，并对该理论进行了扩展运用，以探讨人们在休闲时采取何种行为以及如何改变自己的休闲模式。具体来看，主要用于量化研究，实证探索个体休闲行为意向的影响因素及影响机理。例如，在探讨人们休闲意向与行为时，可以揭示其休闲行为是否会受外界环境和内部因素的影响，如社会规范、社会压力、时间、金钱等；通过调查休闲行为的影响因素，以及这些因素对休闲行为的作用，预测人们特定时间内对休闲活动的具体选择特征等方面。此外，休闲行为的知觉行为控制也是影响休闲行为的一个重要因素。

2.1.3　自我决定理论

美国心理学家爱德华·德西（Edward L. Deci）和理查德·瑞恩等（Richard M. Ryan et al.，1985）在20世纪80年代提出了自我决定理论。该理论认为个体具有自主、胜任、归属三项基本的、与生俱来的心理需要，是一种关于人类自我决定行为的认知动机观。其中，自主需要是指个体希望可以根据自己的意愿进行自主选择，胜任需要则是指个体感觉自己能胜任或掌控某项工作，而归属需要则是指个体希望自己在所处的环境中能感受到来自他人的关怀和爱，感受到自己属于组织中的一员。自主、胜任、归属三个心理需要的满足会显著增强个体内在动机。在自我决定理论中，人的动机有两种类型：内在动机和外在动机。内在动机是指个体为了兴趣、好奇心、成长和发展等因素而进行活动；而外在动机则是指个体由于奖惩、压力、义务和社会期待等外部因素而进行活动。自我决定理论认为，内在动机比外在动机更具有优势和可持续性，对于提高个体的学习、工作和生活质量具有重要作用。自我决定理论认为人类天生具有探索和体验新事物的内在动机，并且具有自主性、主动性和情境性等特征。自我决定认知动机理论具有较为完整的理论框架，它涵盖了自主、关系、能力等多种动机类型；动态地观察各种动机类型，可以有效地评估个体的学习动机（Deci and Ryan，2008）。

自我决定理论可以运用到休闲研究中，因为在休闲活动中个体的自主、胜任和归属需要都会得到满足。根据自我决定理论，个体在休闲活动中可以自主选择自己感兴趣的活动，并通过参与活动来提高自己的技能和能力，从而获得胜任感和成就感。此外，休闲活动也是社交和互动的场所，能够满足个体的归属需求。根据自我决定理论的基本观点，休闲活动参与者在休闲过程中可以体验到自主性、主动性和情境性，从而提高其活动参与动机的内在满足度。与此相对应，休闲活动组织者可以运用自我决定理论的原则来设计吸引人的活动，鼓励个体参与活动并提供支持和反馈，以增强个体的自主性和胜任感。

诸多学者将自我决定理论应用于休闲研究，分析休闲参与动机和休闲满意度。其中，休闲参与动机研究方面，主要是根据自我决定理论中动机的分类标准，将休闲行为动机划分为不同类别，并构建自我决定休闲动机量表，探索休闲动机的影响因素（李臻，2015），或休闲动机同其他因素，如与休闲满意度、主观幸福感（陈彦宏，2008）、心流体验（郝悦行，2021）、品牌忠诚之间的关系。研究者可以运用自我决定理论来评估休闲活动对个体内在动机的影响，从而更好地促进个体的参与和成长。另外，自我决定理论也可运用于研究休闲满意度方面。根据该理论界定的三种心理需要，分析休闲活动满足这些需求的程度，进而评估个体的休闲满意度，并启示休闲供给可通过改变休闲活动的情境以及增加休闲活动的自主性和主动性来提高个体休闲满意度。

2.1.4 深度休闲理论

深度休闲理论是由美国社会学家罗伯特·A. 斯泰纳（Robert A. Stebbins，1982）提出的一种休闲研究理论，认为休闲活动依其对人们心理状态和心理状态的影响程度可分为三个层次：表面休闲、中度休闲和深度休闲。表面休闲指的是一些简单的、轻松的休闲活动，如看电视、听音乐、玩游戏等，这种休闲活动对于人们心理状态和生理状态的改变不是很明显。中度休闲指的是一些相对复杂一些的、需要花费一定时间和精力的休闲活动，如打高尔夫球、学习一门新技能等，这种休闲活动对于人们心理状态和生理状态的改变比表面休闲更明显。深度休闲指的是一些非常有意义、具有挑战性、需要花费大量时间和精力的休闲活动，如攀岩、远足、写作等，这种休闲活动对于人们心理状态和生理状态的改变非常明显，可以带来极大的满足感和成就感。同时，该理论认为深度休闲活动高度表现了六大特质，即坚持不懈、个人努力、休闲生涯、持续益处、独特精神气质、强烈认同（Stebbins，1982）。

深度休闲理论强调，休闲不仅是为了缓解工作和生活中的压力，更是一种寻求精神和身体上的满足和成长的方式。深度休闲可以让人们真正地放松身心，提高自我意识和个人成长，发挥潜能，提高生活质量。该理论主张人们在休闲活动中寻求深层次的经验和价值实现，是一种内向和反思性的休闲体验。深度休闲理论针对传统"消遣"式休闲的不足，强调以"充实、满足、有意义"的方式进行休闲活动。深度休闲在实践中可以包括各种形式，如阅读、写作、绘画、音乐等活动，其重点在于强调个体所获得的体验和感受的内涵和深度。在互联网时代，深度休闲也得到了广泛的应用和推广。例如，通过网络阅读、在线学习、创作和分享等方式，人们可以更方便地进行深度休闲活动，并得到更多人的认可和关注。此外，各种互联网平台和应用也在积极探索和开发相关服务，以满足人民日益增长的深度休闲需求（Gould et al.，2008）。

深度休闲理论在休闲研究中得到了广泛应用和发展。由于休闲活动往往带来积极的体验，而深度休闲更是被认为可以促进幸福感的提升，因此诸多学者通常将其与休闲幸福感联系起来进行研究，包括主观幸福感、生活满意度等方面，且常以心理学中的成熟量表为基础进行量化测度（刘松和楼嘉军，2019）。由于心理幸福感被看作个人追求卓越、美德和自我实现的过程，深度休闲中产生的目标追寻、个人效能、积极成长等心理体验构成了实现个人幸福感的关键要素，能够解释更长期、内在的幸福感（Mackenzie and Raymond，2020）。此外，深度休闲理论常被运用于特定休闲情境的研究，其中以体育休闲最有代表性，主要研究体育休闲参与者的深度休闲特质（刘丰源和洪谷松，2018），以及深度休闲特质对体育休闲参与者休闲承诺、地方依恋等因素的影响（汤澍等，2014）。深度休闲理论常被作为一种分析视角引入休闲行为研究中，通过剖析不同情境下不同群体深度休闲的特质，来探索休闲行为的影响因素，或者通过测度深度休闲体验中的心理感受，探讨深度休闲同幸福感、生活满意度之间的关联。

2.1.5　心流体验理论

美国积极心理学家米哈里·契克森米（Mihaly Csikszentmihalyi，1975）于 20 世纪 80 年代初提出了心流体验理论，试图探究人类主观体验的本质及其与积极心理状态的关联。契克森米将心流定义为个体忽视周围其他刺激因素，完全沉浸在自己所做的事情中，并从中感受到愉快体验的一种状态。此后，学术界对心流体验的定义进行了拓展，认为心流是人们全身心投入某项活动中时所感受到的愉快体验，在这种最佳体验中，个体能够感受到绝对的专注和享受（Huang et al.，2012）。同时，契克森米（1995）认为心流的状态主要体现在 9 个维度，分别是明确的目标、及时反馈、挑战与技能相均衡、意识和行为融合、专注、自身有目的的体验、高度控制、自我意识的消失和主观时间改变。

休闲活动中的心流体验是一种美好的、令人愉悦的积极体验，因此人们会为了此种体验，多次反复进行休闲活动，而已有研究表明，深度休闲同心流体验之间具有联系（Hwang et al.，2015），并进一步证实了深度休闲对心流体验存在显著正向影响（胡俊杰和吴明忠，2012）。此外，心流体验带来的是一种愉快的最佳体验，因此与休闲者的生活满意度和主观幸福感存在关联，即学者认为心流体验能促进主观幸福感（Wöran and Arnberger，2012），也能改变休闲者的生活满意度（Chen et al.，2005），并对幸福感与生活满意度存在内在作用机制（蔡幸荣等，2014；林志钧和钟季真，2014）。心流体验影响因素研究，为促进休闲者产生心流体验提供了依据，有利于改善休闲者的休闲体验，提升其主观幸福感。此外，由于心流体验强调个体在休闲活动中的投入程度和专注度，而这是休闲产品供给需要考虑的一个关键因素。因此，在实践中，心流体验理论可以为休闲活动设计者和休闲服务供给者提供一些有益的思路和方法，以更好地满足人们的休闲需求、提高国民休闲生活质量。

2.1.6　休闲满意度理论

休闲满意度是个体在休闲过程中所获得的积极的感知或知觉，在一定程度上反映了个体对自己休闲体验感到满足的程度（Beard and Ragheb，1980），具体包括对不同休闲环节、休闲类型和休闲活动的满意程度。休闲满意度理论认为，国民休闲的满意程度是衡量休闲体验质量的重要指标，既受到主观因素影响，也受到客观环境和服务质量等方面的影响，如个体需求和偏好、环境质量与舒适度、景观吸引力、消费体验、服务品质、社交互动等方面。休闲满意度会对个体的休闲行为，如重复参与度和消费忠诚度等产生影响。休闲满意度可以通过问卷调查、实地访谈等科学的测量方法进行评估。

休闲满意度理论在休闲研究中被广泛运用，例如学者们可以利用该理论对个体的休闲体验质量进行评估和分析，以了解休闲活动对于个体心理、生理和社会需求的满足程度，探究休闲活动对个体幸福感的影响等。此外，休闲满意度理论也可以应用于休闲服务业中，帮助企业提高服务质量，优化产品设计和营销策略，从而提高消费者的满意度和忠诚度。同时通过调查研究，可以了解不同群体对于不同休闲活动和场所的满意度差异性，并针对不同的需求，提供更为精准的休闲供给和服务。例如，对于大学生群体而言，身体满意、心理满意和美感满意三个层面是主要影响因素，而老年人群体的休闲满意度，则可能更注重智力刺激和放松心情等方面。总之，休闲满意度理论为休闲研究提供了重要的理论基础和实践指导，有助于深入探讨休闲与幸福感、生活质量、文化交流等方面的关系，为促进人类社会的发展作出贡献。

2.1.7 休闲限制理论

休闲限制理论始于 20 世纪七八十年代，是指个体在选择休闲活动时，受到时间、金钱、能力和其他资源等方面的限制，因此会面临许多选择和权衡。克劳福德和戈比（Crawford and Godbey，1987）提出，个体休闲活动通常会受到 3 类休闲障碍的制约：个人内部制约、人际间的制约以及结构性制约。具体来看，个体在作出休闲决策时需要考虑外界条件、自身能力和休闲目标之间的关系，以及不同活动之间的资源投入与收益成本（Godbey et al.，2010）。因此，休闲限制理论强调了人们在休闲中所受到的各种物质和非物质资源的限制。在实践中，休闲限制理论可以用于规划和组织休闲活动，以帮助个体更好地应对各种限制条件并满足自己的休闲需求。例如，各地可以提供不同类型的休闲产品和服务，以满足不同人群的需求和预算；教育机构可以设计适合不同年龄和能力层次的课程和活动，以促进学生的全面发展。然而，由于休闲限制理论过度强调资源利用效率和经济效益，可能会忽略人们对休闲活动的感官体验和情感需求，一定程度上可能会影响人们对休闲活动的满意度和参与积极性。不过，总体来看，休闲限制理论可以帮助我们更好地理解个体参与休闲活动的动机与限制因素，可为制定有效的休闲政策提供参考（Crawford et al.，1991）。

2.2　国民休闲行为调查体系构建

2.2.1　国民休闲行为调查内容

休闲时间、休闲活动、休闲空间范围是研究休闲行为特征不可忽视的重要方面。本书从休闲时间、休闲内容、休闲半径等方面对2012～2022年国民休闲行为呈现出的特征与趋势进行研究，具体包括新冠疫情爆发前城乡居民休闲行为特征，以及新冠疫情发生后国民休闲行为发生的变化。总体上从以下几个方面展开：城镇居民、农村居民和退休居民的休闲时间是怎样的？在这些休闲时间里进行了哪些休闲活动，是餐饮购物还是文化娱乐，是居家休闲还是体育健身？城乡居民的休闲活动空间范围即空间半径，呈现什么样的规律性特征？而不同性别、年龄、受教育程度、收入水平等不同属性城乡居民的休闲行为具有怎样的相似性与差异性？本研究旨在通过对城乡居民休闲行为的相关研究，从宏观视角把握国民休闲需求端总体特征，以为国民休闲公共服务政策创新、休闲供给优化以及市场空间拓展提供有效支撑。如图2-1所示。

2.2.2　国民休闲行为调查问卷结构

基于对休闲与旅游关系的研究，休闲更多是依托惯常环境及其周边开展的愉悦身心的活动。鉴于惯常环境通常是指生活居住与工作的场所，本研究对城镇居民、农村居民的界定不以户口所在地进行划分，而是以具体从事工作所属一、二、三产业进行确定。针对城镇居民、农村居民以及退休居民，对不同时间段的休闲行为进行研究：具体从时间利用结构、休闲活动选择，以及所选休闲活动对应休闲时长以及涉及空间范围等方面对国民休闲行为进行调查。具体问卷结构如图2-2所示。

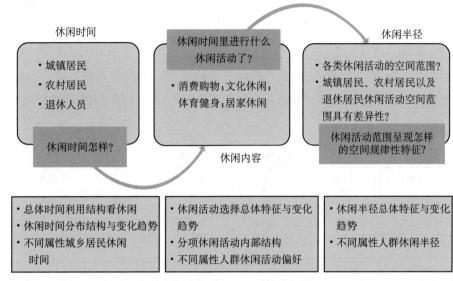

图 2-1 国民休闲行为研究调查内容

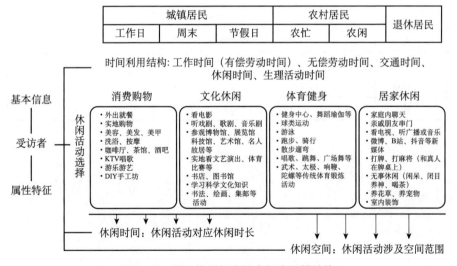

图 2-2 国民休闲行为调查问卷逻辑结构

2.2.3 调查数据采集与处理

本研究分析数据主要是通过中国旅游研究院（文化和旅游部数据中

心）自主网络平台进行问卷调查以及电话访谈的方式获取。具体对 2012 年、2013 年、2015 年、2017 年、2019 年、2022 年等年度北京、上海、广州、成都、西安、长沙、沈阳、武汉、南京、杭州 10 个城市的城乡居民进行调查，针对每个城市、性别、户籍及年龄等均设置相应配额。其中，城市配额、性别配额均分，城镇：农村配额为 6：4，不同年龄段配额为 3：3：2：2（见表 2 - 1）。

表 2 - 1 各城市样本配额设置情况

城市	配比	性别	配比	户籍	配比
北京	0.1	男	0.5	城镇	0.6
上海	0.1	女	0.5	农村	0.4
广州	0.1	合计	1	合计	1
成都	0.1				
西安	0.1	年龄		配额	
长沙	0.1	15～29 岁		0.3	
沈阳	0.1	30～44 岁		0.3	
武汉	0.1	45～59 岁		0.2	
南京	0.1	60 岁及以上		0.2	
杭州	0.1	合计		1	
合计	1				

| 第 3 章 |

宏观层面：2012～2022 年国民休闲行为特征

3.1　国民休闲发展的宏观环境分析

3.1.1　国家战略支撑为国民休闲发展营造了良好的政策环境

近年来，国务院、国家发展和改革委员会、文化和旅游部、国家体育总局等相关部门出台了系列政策、法规文件，推动国民休闲产品供给和服务质量提升，为国民休闲营造了良好的发展环境。2021 年 4 月 29 日，文化和旅游部发布《"十四五"文化和旅游发展规划》（以下简称《规划》），从城市功能、休闲空间、休闲供给等方面明确提出休闲建设方向。《规划》提出要推动更多城市将旅游休闲作为城市基本功能，积极建设城市休闲度假带、休闲街区、骑行与游步道，打造城市多功能休闲区域；要推进以人为核心的新型城镇化和美丽乡村建设，完善休闲基础设施、合理规划建设特色旅游村镇，优化城乡旅游休闲空间；要完善休闲产品供给，立足满足同城化、一体化旅游休闲消费需求进行科学布局。此外，《规划》明确提出要推动完善国民休闲和带薪休假等制度，增加国民休闲时间，为休闲活动的开展提供更多机会。2021 年 12 月 22 日，国务院印发实施《"十四五"旅游业发展规划》，提出要"打造一批文化特色鲜明的国家级旅游休闲城市和街区"，明确了优化休闲空间布局与丰富休闲产品供给体系两个战略方向。其中，优化城乡旅游休闲空间布局方面，要求各级城市将旅游休闲作为城市基本功能，要充分考虑游客和当地居民的旅游休闲需要，科学设计布局旅游休闲街区，合理规划建设环城市休闲度假带；同时强调在城镇规划布局中，要提高空间配置效率，优化旅游休闲功能。在完善休闲产品供给体系方面，提出要打造一批文化特色鲜明的国家级旅游休闲城市和街区；建设一批休闲农业重点县，加大美丽休闲乡村、休闲农业精品景点线路推介，加强重要农业文化遗产挖掘、保护、传承和利用，建立完善乡村休闲旅游服务标准体系。《"十四五"旅游业发展规划》从宏观层面为各地休闲空间布局优化与休闲供给完善指明了方向，并进行了详细战略部署。

为加快推进国民旅游休闲高质量发展，更好满足人民群众的美好生活需要，国家发展和改革委员会、文化和旅游部于 2022 年 7 月联合印发了《国民旅游休闲发展纲要（2022—2030 年）》（以下简称《纲要》），明确提出要拓展延伸旅游休闲内容，保障国民休闲质量。《纲要》从需求和供给以及整个行业视角出发，提出了促进国民休闲发展的战略部署：从休闲主体出发，要培育现代休闲观念、明确国民旅游休闲时间；从供给端出发，要改善国民旅游休闲环境、丰富优质产品供给、推进国民旅游休闲基础设施建设、发展现代休闲业态、提升旅游休闲体验、推进产品创新升级；对于整体行业而言，要持续深化行业改革、不断加强国际交流。积极推动国民休闲活动的开展，提高人民群众幸福感，引导国民建立积极健康的休闲生活方式。《纲要》的出台将有利于优化节假日布局，丰富休闲活动，为国民打造更好的休闲生活圈；同时新兴休闲业态的发展、高品质服务行动的实施都会进一步激发休闲消费内生动力、促进消费增长。同时，各省市也结合自身发展情况，出台了对应的省市级国民旅游休闲发展纲要，为后续各省市国民休闲行为发展厘清了思路，提供具体的优化与提升举措。

在《"十四五"旅游业发展规划》《国民旅游休闲发展纲要（2022—2030 年)》等相关文件政策的指导与支持下，在《旅游休闲示范城市》《旅游休闲街区等级划分》等旅游行业标准的基础上，文化和旅游部于

2022～2023 年，先后评定了 3 批共计 166 家国家级旅游休闲街区，为国民休闲发展提供了高质量的载体。同时，各部委为规范旅游休闲健康有序发展，针对不同的休闲活动联合出台了休闲发展的指导意见，进一步推动了国民休闲产业的规范化，如文化和旅游部、中央文明办、国家发展和改革委员会、自然资源部、生态环境部等 14 部委联合印发的《关于推动露营旅游休闲健康有序发展的指导意见》，就针对露营活动的开展进行了规范。

"十四五"时期是休闲旅游发展的关键阶段。公共文化服务体系是实现人民基本文化权益的重要途径，更是满足国民休闲需求的基本保证。为保障人民基本文化权益，满足人民日益增长的美好生活需要，2021 年 6 月 10 日，文化和旅游部出台了《"十四五"公共文化服务体系建设规划》（以下简称《规划》），以切实规划引导我国公共文化服务水平不断提高。《规划》指出，要深入推进城乡公共文化服务体系一体建设，进一步完善其公共文化服务标准，增设公共图书馆、文化馆等机构，为国民提供文化休闲场所，努力满足人民群众精神文化需求；要创新培育城市公共文化空间，积极进行创新拓展，推动文化创意融入社区生活场景，为国民提供一批具有鲜明特色和人文品质的新型公共文化空间，营造良好休闲氛围；坚持以人为中心，广泛开展各项活动，经常举办各种公益性文化艺术讲座、展演、展览、展示和培训活动，丰富人民群众的休闲生活，营造良好的城市人文环境，切实推进实施全民艺术普及工程。

此外，本书进一步对 2012～2022 年以来与"休闲"相关的政策、规划、纲要、意见、通知等进行收集、整理，如《"十三五"全国旅游公共服务规划》《关于加快发展健身休闲产业的指导意见》《关于大力发展休闲农业的指导意见》《关于进一步促进旅游投资和消费的若干意见》《关于推进"十四五"农民体育高质量发展的指导意见》《关于开展旅游休闲街区有关工作的通知》《关于开展休闲农业和乡村旅游升级行动的通知》《关于实施旅游休闲重大工程的通知》等文件，分析发现，相关文件主要围绕休闲需求、休闲供给、休闲产业等方面制定推进国民休闲消费的战略与政策，而"休闲、旅游、文化、建设、公共服务"等则构成了相关政策文件的高频词（见图3-1）。在国民休闲需求日益高涨的宏观背景下，在国家政策的推进下，我国餐饮消费、文化、体育和娱乐业等休闲产业都有了长足发展，不断满足人民群众对美好生活的向往。

图3-1 近十年休闲相关政策文件高频词

3.1.2 社会经济快速发展为国民休闲需求释放奠定了坚实基础

改革开放以来，我国社会经济实现了长期、持续、快速、平稳增长（见图3-2）。据国家统计局数据，2022年我国国内生产总值达到1 210 207.2亿元，而在改革开放之初的1978年，我国GDP只有3 678.7亿元，40多年间增长了约328倍。在经济总量和规模不断扩大的同时，"质"的提升也不断显现，第三产业占GDP的比重稳步提升，尤其是党的十八大以来，我国经济逐步转向高质量发展，经济结构不断优化。与此同时，我国财政收入也呈现快速增长趋势，从2003年的21 715.25亿元增长至2019年的182 913.88亿元（见图3-3）。受新冠疫情影响，财政收

入在 2020 年有所下降，但经过两年稳步增长，2022 年已达新高 203 703.48
亿元。我国社会经济的快速发展，为国民休闲产业的发展与休闲供给的优
化奠定了经济基础。

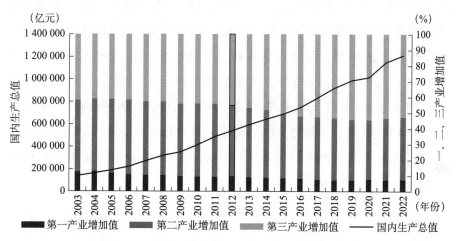

图 3 - 2　我国 GDP 总量、三次产业结构变化趋势

资料来源：国家统计局。

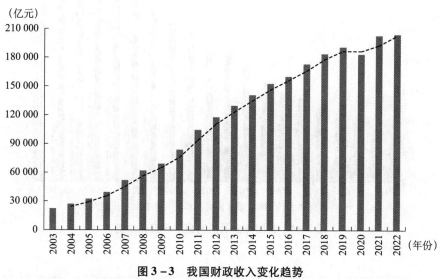

图 3 - 3　我国财政收入变化趋势

资料来源：国家统计局。

随着社会经济的高速发展，城乡居民收入水平和消费水平不断提升（见图3-4）。据国家统计局数据，城镇居民人均可支配收入由1978年的343元增长到2022年的49 283元，增长了近143倍。2022年，农村居民人均可支配收入达20 133元，是1978年134元的150倍。社会消费品零售总额由1978年的1 558.6亿元增长到2022年的439 732.5亿元。人均可支配收入的增加，使城乡居民购买力和消费水平大幅提升。2003～2022年，我国居民消费水平从4 555元上升至31 718元，其中城镇居民消费水平从7 977元上升至38 289元；农村居民消费水平从2 292元上升至19 530元（见图3-4）。可见，城乡居民收入水平的不断提高，可为国民休闲需求产生持续注入内生动力，推动着我国休闲消费持续走强。

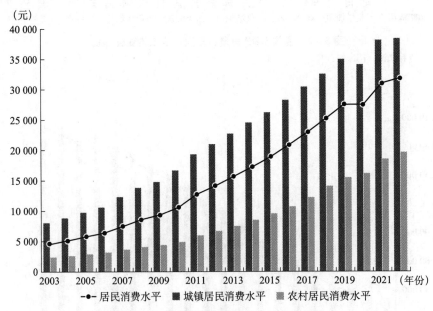

图3-4 我国城乡居民消费水平变化趋势

资料来源：国家统计局。

在居民消费水平不断提升的同时，消费结构也明显优化。由图3-5可以看出，2003～2022年，恩格尔系数除2020～2022年受新冠疫情影响略有上扬以外，其余年份波动下降趋势明显。其中，城镇、农村居民恩格尔系数分别由 2003 年的 35.5% 和 43.9% 下降到 2019 年的 27.6% 和 30%。食品支出总额占个人消费支出总额的比重明显下降。当前，我国正处于休闲生活和休闲产业快速发展阶段，休闲消费在整个社会消费中所占的比重不断提高。据全球传媒机构尼尔森公司调查，近年来，中国居民计划把节余资金用于休闲、旅游等消费的约占 53%，这个比例居于亚洲 14 个国家之首。如图 3-6 所示，2008～2019 年，我国城乡居民人均教育文化娱乐支出占人均消费支出的比重在波动中上升，由 10.8% 增加至 11.7%。受新冠疫情影响，从 2020 年开始，城乡居民人均教育文化娱乐支出占比开始波动。但与 2020 年相比，2022 年居民人均教育文化娱乐支出占比已有所增加，由 9.6% 上升至 10.1%。随着我国经济社会的加速发展和带薪休假制度的落实，休闲将成为人们日常生活中日益重要的组成部分，休闲产业在国民经济中的地位也将得到不断提升。

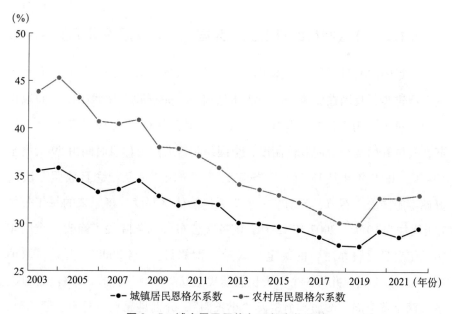

图 3-5　城乡居民恩格尔系数变化趋势

资料来源：国家统计局。

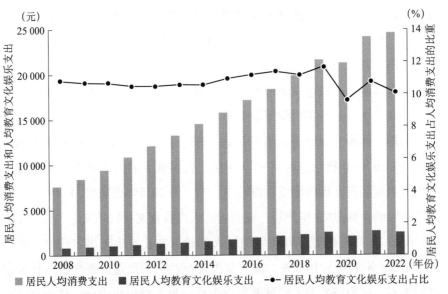

图3－6　居民人均教育文化娱乐支出及其占比变化趋势

资料来源：国家统计局。

3.1.3　休假制度的日益完善为国民休闲发展提供了基本保障

充足的闲暇时间是国民休闲需求得以释放的重要前提。随着社会经济的发展进步，我国在保障公民合法休息权利、完善职工休假制度方面取得了很大进展，为人们参与休闲活动提供了时间保证。从 1995 年 5 月 1 日起，我国开始实行每周双休制度，全国每年每人法定休息时间由 59 天增至 104 天。1999 年 9 月 18 日，国务院发布《全国年节及纪念日放假办法》，开始实施国庆、春节、劳动节三个 7 天连续休息制度，将原来的每年公休 7 天增加为 10 天。2007 年 12 月，国务院公布《国务院关于修改〈全国年节及纪念日放假办法〉的决定》（第二次修订），自 2008 年开始，取消"五一"黄金周，并将 3 个 7 天长假模式变成"2＋5"模式，即保留国庆、春节两个黄金周，增加 5 个 3 天"小长假"，分别是元旦、清明、劳动节、端午节和中秋节，全年节日总放假天数由 10 天增至 11 天，全年每人法定休息时间增加至 115 天。这一调整增加了居民 3 天连休的频率，使居民拥有更多休闲时间。总体上，我国休假制度的几次重要变革，在增加总休假时间的同时，使居民的休假时间更为分散，为居民创造更多的出行机会。

目前，国家十分重视休假制度的调整，不断从落实职工带薪休假制度、鼓励错峰休假和鼓励弹性作息等方面优化休假安排，为国民休闲需求释放提供时间保障，促进国民休闲发展。自1995年《中华人民共和国劳动法》规定劳动者享受带薪年休假的条件开始，国家已通过颁布机关事业单位及企业职工带薪年休假实施办法等详细规定，将落实带薪年休假制度纳入各级政府的议事日程等方式来促进带薪年休假的落实，为居民提供更多可以错峰休闲的选择。同时，到2020年，多省市提出了2.5天弹性休假，以及学校"春假""秋假"等有利于弹性休假与错峰出行的倡议，当前已有江西九江、呼伦贝尔、浙江嵊州、湖北宜昌等地宣布实施2.5天弹性休假制度。

2022年7月，经国务院同意，国家发展和改革委员会、文化和旅游部联合印发了《国民旅游休闲发展纲要（2022—2030年）》，明确提出要优化法定节假日时间分布格局，推动旅游休闲的快速发展，进一步普及带薪休假，将假期的权利交给个人安排，促使旅游休闲活动的平衡发展。国务院办公厅于2023年10月25日发布了《关于2024年部分节假日安排的通知》（以下简称《通知》），鼓励各单位在大家最需要的时候进行统一休假安排。2024年部分年节和纪念日放假安排，已体现了节假日布局的优化安排，是国务院务实推进带薪年休假的制度创新。这些举措间接增加了居民可支配的休闲时间，刺激了居民潜在的休闲需求，有利于进一步促进国民休闲的发展和人民群众满意度与获得感的持续提升。

3.1.4　基础设施与公共服务配套的持续完善为国民休闲发展提供了硬件支撑

为满足国民日益增长的休闲需求，适应我国国民休闲产业的发展，国家着力持续完善旅游、休闲基础设施建设，构建了高效、畅达的交通集散服务网络，为国民休闲提供了硬件保障。目前，我国铁路及高速公路建设均已达到世界顶尖水平，营业里程与通车里程持续上升（见图3-7）。

2022 年，我国铁路营业里程已达到 15.49 万公里，高速等级路公路里程达 17.73 万公里，为国民旅游、休闲出行提供了基础保障。

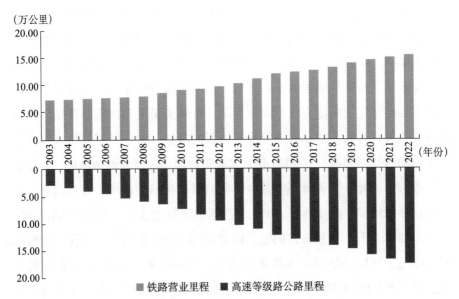

图 3-7　我国铁路营业里程与高速等级公路里程变化趋势
资料来源：国家统计局。

同时，国内公共图书馆、博物馆机构数量持续上升，为居民休闲提供了更多的优质选择，也为更多休闲文化活动提供了物质载体（见图 3-8）。截至 2022 年，国内公共图书馆数量已从 2003 年的 2 709 个增长至 3 303 个；博物馆机构数从 2003 年的 1 515 个增长至 6 091 个，增加了近 3 倍。国内艺术表演场馆因行业规范、质量把控等各种原因，从 2003 年的 1 900 个减少至 2022 年的 1 052 个，数量虽有所减少，但品质更有保障，也成为国民进行休闲活动的重要场所。

此外，近年来，各地注重打造"口袋公园""休闲步道"等为本地居民提供休闲功能的公共服务配套设施与场地。据国家统计数据，至 2021 年，我国公园个数已达 22 062 个，是 2004 年的 3.43 倍；公园面积已达 64.80 万公顷，是 2004 年的 4.84 倍；人均公园绿地面积也已经达到了 14.87 平方米/人。如图 3-9 所示。

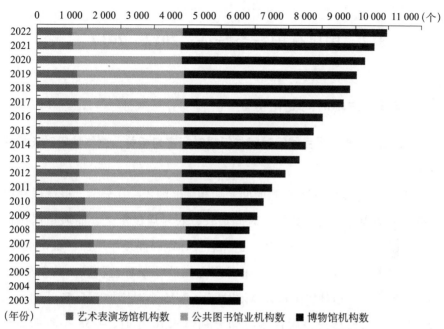

图 3-8　我国艺术表演场馆、公共图书馆及博物馆机构数量变化

资料来源：国家统计局。

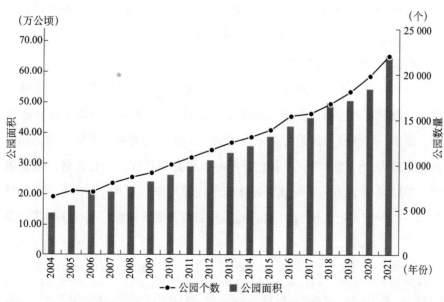

图 3-9　我国公园数量及面积变化趋势

资料来源：国家统计局。

3.2 国民休闲行为特征：2012～2017 *

3.2.1 休闲时间变化特征

3.2.1.1 城乡居民休闲时间与闲暇时间密切相关，总体休闲时长呈减少趋势

城乡居民休闲时间与闲暇时间密切相关。图3-10显示，退休居民因具有较多的闲暇时间，其休闲时间最长，农村居民次之，而城镇居民休闲时间最短。随着时间的推移，退休居民休闲时间逐年增加，城镇居民、农村居民逐年降低，三者在休闲时间方面的差距日益扩大。数据显示，2013～2017年，退休居民每天休闲时间由5.45小时增加至6.56小时，而城镇居民、农村居民每天休闲时间分别由4.16小时、4.38小时缩短至3.62小时、3.74小时。其中，城镇居民与退休居民在休闲时间方面的差距，由2013年的1.29小时，扩大到2015年的2.17小时，到2017年进一步扩大到2.94小时；农村居民与退休居民的差距，由2013年的1.07小时，扩大到2017年的2.82小时。

城乡居民在不同时间段的休闲时间，进一步反映了闲暇时间对于休闲活动得以顺利进行的重要性（见图3-11）。具体来看，城镇居民在工作日、周末、节假日的休闲时间依次增加，工作日与周末、节假日的休闲时长差距较大，且随着时间推移，休闲时长差距呈扩大的变化趋势。数据表明，2012年城镇居民工作日每天休闲时间比周末少1.87个小时，到2017年这一差距扩大到2.63个小时；而工作日与节假日时段，城镇居民平均每

---

* 说明：2019年之前，主要是通过电话访谈方式获取问卷数据；随着时代进步和网络技术的不断创新与普及，自2019年起，本研究开始借助中国旅游研究院（文化和旅游部数据中心）自主网络平台实现问卷调查。数据获取方式的变化，可能会对休闲行为持续性的年度比较产生一定影响。为了更加准确地反映近十年国民休闲行为特征及其变化，本研究根据调查方式更新，具体将研究期限划分为以下两个阶段：2012～2017年、2019～2022年。

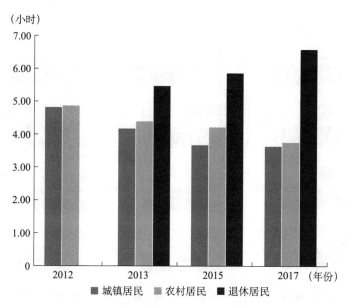

图 3-10　城乡居民休闲时间变化趋势

注：退休居民 2012 年数据缺失。

天的休闲时间相差更为明显，2012 年工作日比节假日每天休闲时间少 2.71 个小时，到 2017 年，这一差距扩大到 3.68 小时，工作日比节假日每天休闲时间缩短了 135.29%。对于农村居民来讲，其在农忙与农闲时段的休闲时间也呈现了同样的特征。具体数据表明，2012～2017 年，农村居民农闲时每天休闲时间约为农忙时的 1.5 倍。

从不同时间段变化趋势来看，城镇居民工作日、周末休闲时间持续下降，且下降幅度较大（见图 3-12）。其中，工作日休闲时间降幅最大，节假日降幅最小。具体来看，城镇居民工作日每天休闲时间由 2012 年的 4.16 小时下降到 2017 年的 2.72 小时，周末时段每天休闲时间由 2012 年的 6.03 小时缩短为 5.35 小时，而节假日时段每天休闲时间由 2012 年的 6.87 小时减少到 2017 年度的 6.4 小时。尽管与 2012 年相比，2017 城镇居民节假日时段每天休闲时间缩短了 0.47 小时，但由下图可以看出，从 2013 年开始，节假日时段的休闲时间逐年增加，尽管增幅较小。对于农村居民，其在农忙、农闲时段的休闲时间均持续下降，且农忙时段下降幅度大于农

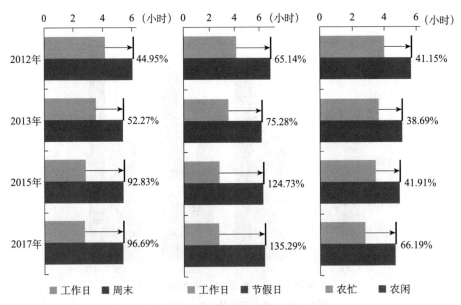

图 3-11　城乡居民分时段休闲时间比较

闲时段。具体来看，农村居民农忙时每天休闲时间由 2012 年的 4.01 小时下降为 2017 年的 2.81 小时，5 年间减少了 1.2 小时，而农闲时每天休闲时间由 5.66 小时缩短为 4.67 小时。

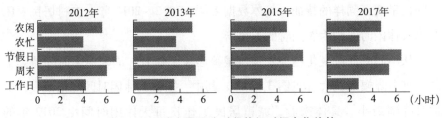

图 3-12　城乡居民分时段休闲时间变化趋势

可见，无论是同一年度不同时段的休闲时间横向比较，还是不同年度的休闲时间纵向比较，都充分表明，闲暇时间是影响城乡居民休闲时间的重要因素。2012～2017 年，城镇居民、农村居民工作强度持续加大，繁重的工作不断挤占着城乡居民的休闲时间。

从休闲时间结构来看，较短休闲时长的城镇居民、农村居民受访者占比大幅增加，休闲时间较多的受访者占比降幅明显（见图 3 - 13）。数据表明，七成左右的城镇居民受访者、六成左右的农村居民受访者每天休闲时间在 4 小时以内，且随着时间推移，这一占比持续增加。2012～2017 年，城镇居民每天休闲时间在 4 小时以内的受访者占比由 58.5% 增加至 71.2%，农村居民受访者占比由 55.3% 增加至 65.7%。其中，每天休闲时间在 2 小时以内的受访者占比大幅增加，尤其是农村居民，每天休闲时间不足 2 小时的受访者占比由 2012 年度的 27.8% 增加到 40.5%，增加了 12.7 个百分点。同时，城镇居民、农村居民每天休闲时长在 7 小时及以上的受访者占比大幅减少，分别由 2012 年的 25.2%、26.3% 缩减到 14.4% 和 18.1%。对退休居民来讲，呈现相反的变化趋势，其每天休闲时间在 7 小时及以上的受访者占比由 2013 年的 27.7% 上升至 2017 年的 47.9%，4 年期间增长了 20.2 个百分点。

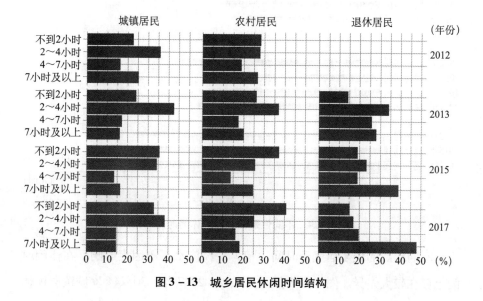

图 3 - 13 城乡居民休闲时间结构

3.2.1.2 不同属性城乡居民休闲时间特征

不同性别、年龄、受教育水平，不同婚姻状况的城乡居民休闲时间有所差异。总体上，男性城乡居民休闲时间明显高于女性。对城镇居民的调查发现，2012～2017 年，男性居民休闲时间高于女性，但这种差距逐年缩小（见图 3 − 14）。具体数据表明，2012 年女性城镇居民休闲时间比男性少 6.07%，至 2015 年，这一比例缩小至 3.08%，到 2017 年，女性休闲时间略超过男性，高出 0.53%。从农村居民来看，2012～2017 年，除 2015 年女性休闲时间略高出男性以外，其余年份女性低于男性，且性别差距较大。2017 年，女性农村居民受访者休闲时间比男性少 14.25%。对于退休居民来讲，休闲时间的性别差异更为明显。2013～2017 年，女性退休居民受访者休闲时间比同期男性低 16.1%～20.19%。对比农村居民和退休居民，城镇居民休闲时间的性别差异明显在缩小，反映了女性城镇居民休闲意识的增强与休闲权利的不断争取。

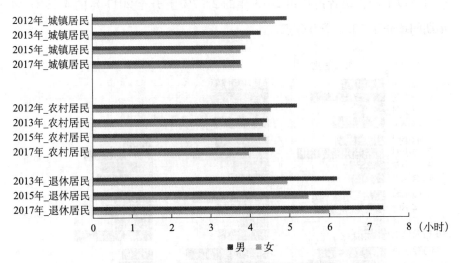

图 3 − 14　不同性别城乡居民休闲时间对比

不同年龄的城乡居民受时间、精力、经济水平等因素影响，在休闲时间上存在较大差异。图 3 − 15 显示，2012～2017 年，30～44 岁城镇居民休闲时间最少，其次为 45～59 岁居民。随着时间推移，各年龄段城镇居民休闲时间均有不同程度的减少。对农村居民的调查显示，2012 年各年龄段受访者休闲时间相对均衡，2013 年、2015 年与城镇居民休闲时间随年龄变化趋势基本一致，30～44 岁、45～59 岁居民成为休闲时间相对较少的主要群体。

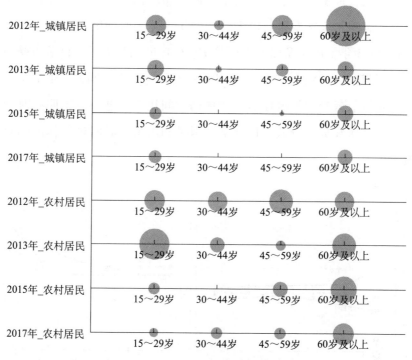

图 3-15 不同年龄城乡居民休闲时间对比

从不同受教育水平城乡居民的休闲时间来看，随着社会进步与国民生活水平不断提高，高学历受访者率先引领国民休闲意识的觉醒。对城镇居民的调查发现，除 2012 年受访者休闲时间随学历提高不断减少以外，自 2013 年开始，受访者休闲时间随学历提高均呈波动增加态势（见图 3-16）。2013 年、2015 年、2017 年小学及以下受访者每天休闲时间分别为 3.99 小时、2.95 小时和 2.90 小时，而硕士及以上受访者每天休闲时间分别为 4.26 小时、4.04 小时和 3.59 小时，分别比同期小学及以下受访者增长 6.77%、36.95% 和 23.79%。从 2013～2017 年单一年度不同受教育水平城镇居民休闲时间来看，拥有大学专科或本科学历的受访者休闲时间略高于同期硕士及以上学历受访者。这从侧面反映了，尽管总体上高学历人群休闲意识较强、更加注重以休闲的方式来促进身心健康与调节放松，但受时间沉没成本的影响，学历最高的受访者休闲时间并非最长。对于退休居民来讲，大学专科及以上学历受访者休闲时间随学历提升持续增长。除 2013 年，硕士及以上学历受访者休闲时间与大学本科学历受访者基本持平以外，2015 年、2017 年其休闲时间远远高于同期其他低学历受访者。不同受教育水平退休居民的休闲时间比较，进一步说明在时间自由，且时间沉没成本较低的情况下，国民利用闲暇时间进行休闲的意愿明显。

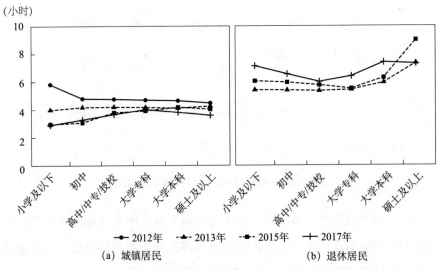

图 3－16　不同学历城镇居民、退休居民休闲时间

从不同婚姻状况城乡居民的休闲时间来看，大致呈现已婚居民休闲时间较少、离异居民休闲时间最多、未婚居民次之的规律（见图 3－17）。这与已婚居民需要照顾日常家庭生活，闲暇时间相对较少密切相关，同时也反映了离异人群"向往自由"的思维一定程度上也会影响其自身的休闲观与生活方式。

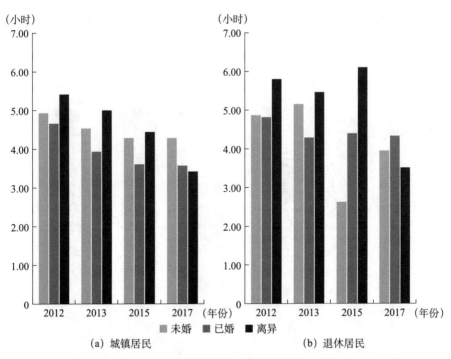

（a）城镇居民　　　　　未婚　已婚　离异　　　（b）退休居民

图 3 - 17　不同婚姻状况城乡居民休闲时间

3.2.2　休闲空间变化特征

3.2.2.1　城乡居民近程休闲特征显著，休闲半径以居住地为中心、不断向外延展的趋势日益显现

2012～2017 年，城乡居民具有明显的近程休闲特征，在家里和距家 1 公里范围内进行休闲的城乡居民受访者在占比上具有绝对优势，但随着时间推移，二者占比逐年降低，休闲半径以居住地为中心向外扩展的趋势逐步显现。调查数据表明，城镇居民工作日、周末和节假日时段，在家以及在距家 1 公里以内范围内进行休闲的受访者占比为分别由 2012 年的 80.76%、68.21% 和 56.72% 下降到 2017 年的 65.61%、44.68% 和 28.40%，下降了 15.15～28.32 个百分点；农村居民农忙、农闲期间，在家以及在距家 1 公里以内范围内进行休闲的受访者占比分别由 2012 年的 94.86%、90.59% 下降为 2017 年的 86.67%、76.24%。由图 3 - 18 还可以

看出，选择在家里和距家 1 公里范围内进行休闲的农村居民占比远高于同期城镇居民。

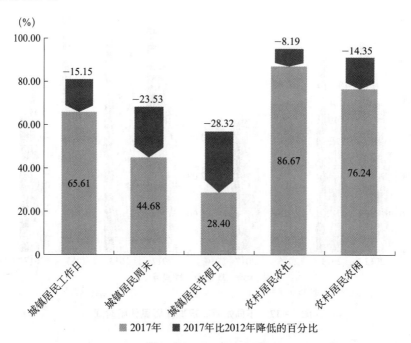

图 3-18　2017 年在家里和距家 1 公里空间范围内进行休闲的受访者
占比与 2012 年比较

选择距家 1～3 公里空间范围受访者占比，与距家 1 公里以内占比呈现明显的差异性特征，即随着时间推移，越来越多的城乡居民选择距家 1～3 公里空间范围进行休闲，城乡居民休闲半径开始向外拓展；同时，该空间范围内城镇居民占比开始超过农村居民（见图 3-19）。1 公里构成了城镇居民占比超过农村居民的分水岭。数据表明，城镇居民工作日、周末、节假日选择距家 1～3 公里进行休闲的受访者占比分别由 2012 年的 12.2%、16.49% 和 12.79% 增加至 2017 年的 24.63%、34.15%、26.41%，分别增加了 12.43 个、17.66 个和 13.61 个百分点；农村居民在农忙和农闲时选择距家 1～3 公里进行休闲的受访者占比分别由 2012 年的 4.23%、5.00% 增加至 2017 年的 9.03%、11.35%，分别增加了 4.80 个、6.35 个百分点。城镇居民占比增长幅度远大于农村居民。

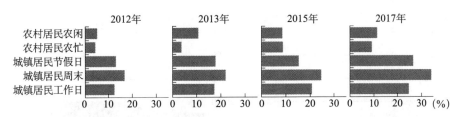

图 3 - 19　距家 1～3 公里空间范围内进行休闲活动的受访者占比变化趋势

　　3 公里以上中远程空间范围内进行休闲的受访者占比呈增长趋势，尤其是城镇居民周末和节假日、农村居民农闲时段（见图 3 - 20）。数据显示，城镇居民周末和节假日选择距家 3 公里以上空间范围进行休闲的受访者占比分别由 2012 年的 15.29%、30.48% 增加至 2017 年的 21.17%、45.20%，分别增长了 5.88 个、14.71 个百分点，增幅明显；同期农村居民农闲时段占比增加了 8 个百分点，与 2012 年相比，增长了近 2 倍。对于退休居民，其选择距家 3 公里以上中远程空间范围进行休闲的受访者占比稳步增长，由 2013 年的 5.94%，增加至 2015 年的 7.03%，到 2017 年，这一占比增加至 8.00%。从 3～5 公里、5～7 公里以及 7 公里以上空间构成结构来看，选择 7 公里以上进行休闲的城乡居民占比无论是在绝对值还是增幅上都远高于 3～5 公里、5～7 公里空间范围的受访者占比。其中，城镇居民节假日 7 公里以上空间范围受访者占比由 2012 年的 26.30% 增加至 2017 年的 37.10%，农村居民农闲时段受访者占比由 2.65% 增加至8.20%。远距离受访者占比的持续增加，反映了城乡居民休闲半径不断扩展的变化趋势。

　　总体上，受国民休闲意识、休闲服务设施丰富度与便利性等因素影响，城镇居民与农村居民在休闲活动空间范围上具有明显差距。2012～2017 年，近程休闲的农村居民受访者占比明显高于城镇居民，而选择中远程休闲的农村居民受访者占比明显低于城镇居民，且随着时间推移，这种差距在不断扩大。具体分段来看，选择距家 1～3 公里、3～5 公里、5～7 公里、7 公里以上空间范围进行休闲的城镇居民占比均高于农村居民，这在一定程度上反映了与农村居民相比，城镇居民在时间可以保证的前提下，更倾向于选择距家较远的空间范围内进行休闲。

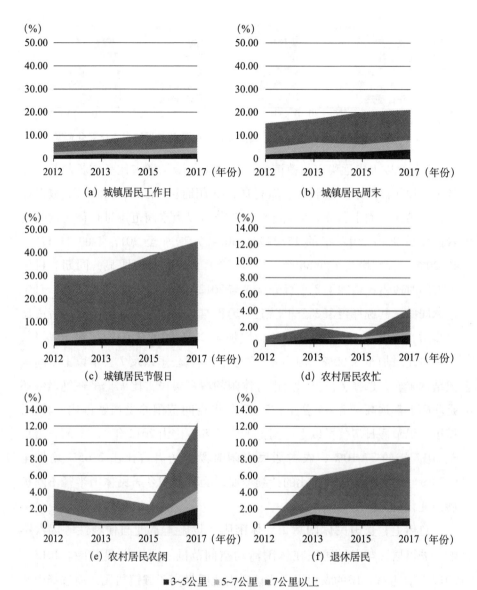

■ 3~5公里　■ 5~7公里　■ 7公里以上

图3－20　3公里以上中远程范围内受访者占比变化趋势

注：2012年退休居民数据缺失。

比较城镇居民在工作日与周末、节假日，农村居民在农忙与农闲时段的休闲半径发现，城乡居民休闲活动空间范围与闲暇时间的关联性较强，休闲半径随闲暇时间增多而不断扩大。不同时段城乡居民在距家1～3公里空间范围进行休闲的受访者占比数据表明，城镇居民工作日、农村居民农忙时段占比分别明显小于周末与农闲时段（见图 3－21）。2012 年城镇居民在工作日、周末时段选择距家 1～3 公里空间范围进行休闲的受访者占比分别为 12.20%、16.49%，到 2017 年，二者占比分别达到 24.63%、34.15%，差距由 4.29 个百分点扩大到 9.52 个百分点；同样，2012 年、2017 年，农村居民农忙时段选择距家 1～3 公里空间范围进行休闲的受访者占比差距分别比农闲时低 0.77 个、2.32 个百分点。而节假日选择距家 1～3 公里空间范围进行休闲的城镇居民占比与工作日差别不大，低于周末时段，这一方面反映了较长的闲暇时间对近程休闲的影响不大，另一方面也反映了与工作日、节假日相比，周末时段距家 1～3 公里成为城镇居民进行休闲的重要空间范围。

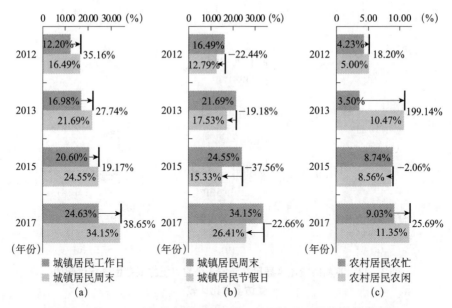

图 3－21　不同时段城乡居民在距家 1～3 公里空间范围进行休闲的受访者占比比较

　　城乡居民不同时段在距家 3 公里以上空间范围内进行休闲的受访者占比数据得出了同样的结论。城镇居民在工作日、周末、节假日选择在距家 3 公里以上空间范围内进行休闲的受访者占比依次增高，且随着时间推移，工作日与周末、周末与节假日、工作日与节假日之间的差距不断扩大（见图3-22）。具体来看，2012年，城镇居民工作日、周末、节假日的受访者占比分别为7.04%、15.29%、30.48%，到2017年三者占比分别达到9.76%、21.17%、45.20%，工作日与周末、节假日的占比差距分别由8.25个、23.45个百分点扩大到11.41个、35.44个百分点。对于农村居民来讲，同一年度农忙时选择距家3公里以上空间范围进行休闲的受访者占比均低于农闲时段，且这一差距由2012年的3.51个百分点扩大到2017年的8.11个百分点。这些充分展示了在时间允许的前提下，城乡居民外出休闲的意愿持续增强。

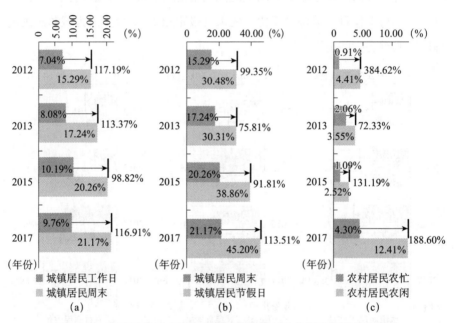

图3-22　不同时段城乡居民在距家3公里以上空间范围进行休闲的
受访者占比比较

综合城乡居民在不同时段选择距家1～3公里空间范围、3公里以上空间范围进行休闲的受访者占比数据发现，尽管随着闲暇时间增多，城乡居民休闲半径不断扩大，但总体来看，中远程休闲空间范围的受访者对闲暇时间的敏感度更高。数据表明，周末，城镇居民更倾向于选择1～3公里的近程休闲范围；而节假日，城镇居民倾向于选择3公里以上的中远程休闲范围。

3.2.2.2　不同属性城乡居民休闲半径特征

不同性别、年龄与受教育水平城乡居民休闲半径存在一定差异性。从 2012～2017 年城乡居民不同休闲半径的受访者占比来看，女性近程休闲高于男性，男性中远程休闲高于女性（见图 3-23）。具体来看，选择距家 3 公里以内进行休闲的女性高于男性。2012 年女性城镇居民、农村居民选择 3 公里以内进行休闲的受访者占比分别为 83.53%、92.24%，同期男性城镇居民、农村居民受访者分别为 81.13%、91.07%，2017 年女性城镇居民、农村居民选择 3 公里以内进行休闲的受访者占比分别为 76.35%、78.06%，而同期男性城镇居民、农村居民受访者占比分别为 73.30%、75.17%。选择 3 公里以上中远程空间距离进行休闲的男性居民高于女性。以远距离为例，2012 年选择 7 公里以上空间范围进行休闲的男性城镇居民、农村居民分别比女性高出 1.84 个、1.21 个百分点，而 2017 年这一差距分别扩大到 2.70 个、2.99 个百分点。总体上，2012～2017 年，女性偏好近程休闲、男性倾向于中远程休闲的特征没有发生变化，但随着时间推移，选择近程、远程休闲的受访者在性别方面的差距有所扩大。

城乡居民休闲半径调查表明，在家里和距家 1 公里范围内进行休闲的城乡居民受访者在占比上具有绝对优势，距家 1～3 公里、7 公里范围内进行休闲的受访者占比次之，是城镇居民周末、节假日的偏好选择，而距家 3～5 公里、5～7 公里受访者占比较低。因此，对不同年龄城乡居民休闲半径的研究，主要对在家及距家 1 公里内、1～3 公里以及 7 公里以上这三个空间范围的受访者占比进行比较（见图 3-24）。具体来看，在家及距家 1 公里内进行休闲的城乡居民受访者占比随年龄增加不断增长或波动增长，距家 1～3 公里、7 公里以上空间范围内进行休闲的受访者占比随年龄增加不断下降或波动下降，这一定程度上反映了随着年龄增长，城乡居民倾向于选择居住地周围休闲。进一步分析 2012～2017 年距家 1～3 公里范围不同年龄城镇居民受访者占比变化趋势发现，随着时间推移，各年龄段城镇居民受访者占比均有大幅增加，这表明，距家 1～3 公里逐渐成为各年龄段

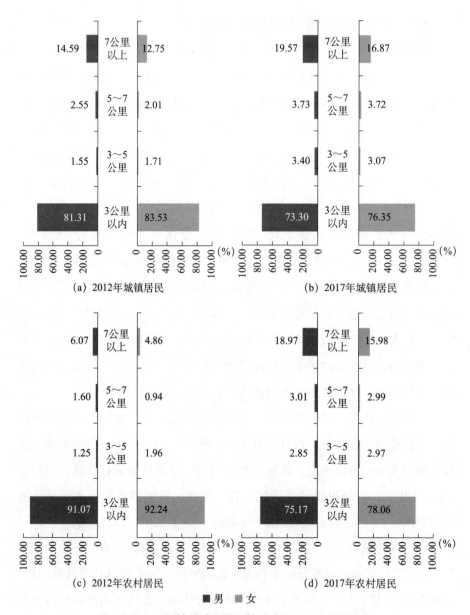

图 3－23　不同性别城乡居民休闲半径占比及变化趋势

进行休闲活动的空间范围。具体分析距家 7 公里以上空间范围内不同年龄城镇居民受访者占比，2012 年、2017 年城镇居民随年龄增加，选择 7 公里以上进行休闲的受访者占比均呈开口乡下抛物线形态，30～44 岁城镇居民

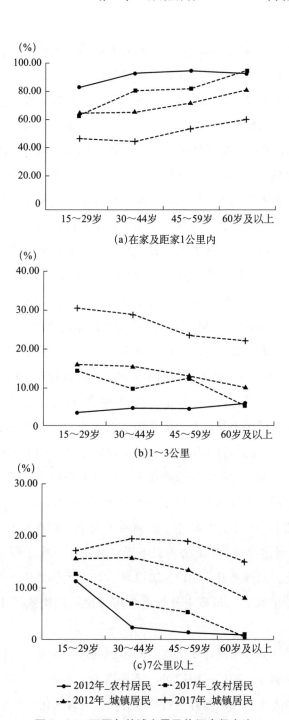

(a)在家及距家1公里内

(b)1～3公里

(c)7公里以上

—●— 2012年_农村居民 —■— 2017年_农村居民
—▲— 2012年_城镇居民 —+— 2017年_城镇居民

图 3－24 不同年龄城乡居民休闲半径占比

占比最高，这一定程度上反映了，随着时间推移，城镇居民选择远程休闲的受访者随年龄增长呈现出的变化趋势具有相对稳定性。

不同学历水平城镇居民在休闲半径选择上存在较大差异。低学历城镇居民倾向于选择近程休闲，高学历居民偏好走出家门进行中远程休闲。如图3－25所示，选择在家及距家1公里内进行休闲的城镇居民受访者占比随学历水平提高持续降低，而选择距家1～3公里、3～7公里、7公里以上进行休闲的受访者占比随学历水平提高不断增加。这从侧面反映了，相较而言，高学历人群休闲意识更强，休闲需求多元化的特征更明显，对休闲品质的要求也更高。从具体数据来看，2012年、2017年初中以下学历城镇居民选择在家及距家1公里内进行休闲的受访者占比分别为81.45%、63.46%，而硕士及以上学历人群受访者占比分别为55.69%、50.64%；2012年、2017年选择7公里以上空间范围进行休闲的初中及以下受访者占比分别为6.98%、15.16%，而硕士及以上学历受访者占比分别为21.04%、26.93%。从2017年不同学历城镇居民选择1～3公里、3～7公里的受访者占比来看，初中及以上、高中/中专/技校、大学学历的受访者占比依次增加，而硕士及以上学历受访者占比较大学学历有所降低，这与休闲时间研究得出的本科学历受访者休闲时间略高于硕士及以上受访者的结论相一致；同期，本科学历选择在家及距家1公里内进行休闲的受访者占比最低，分别比选择初中及以下、高中/中专/技校、硕士及以上学历的受访者占比低19.70个、8.21个、6.88个百分点，而选择1～3公里、3～7公里的受访者占比最高，7公里以上受访者占比仅次于硕士及以上学历受访者。因此，总体来看，2012～2017年，具有大学学历的城镇居民其休闲半径是不断扩张的，与硕士及以上学历居民一同构成了中远程休闲的主体。

从不同属性城乡居民休闲活动空间范围的选择来看，休闲半径偏好特征固化的现象明显。2012～2017年，不同性别、年龄、受教育水平城乡居民在休闲半径方面呈现的差异性特征没有发生较大变化。

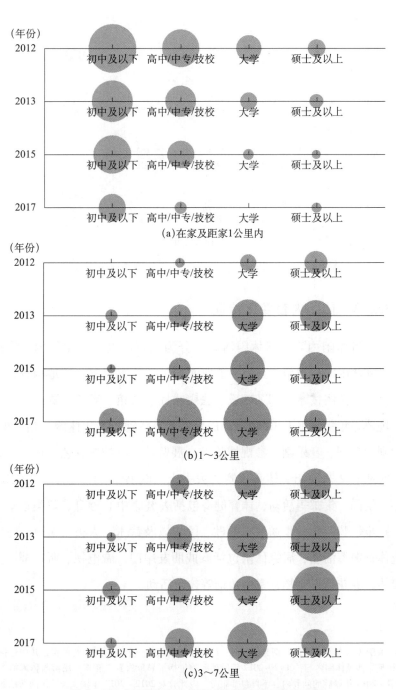

(a)在家及距家1公里内

(b)1～3公里

(c)3～7公里

图 3 - 25　不同受教育水平城镇居民休闲半径比较

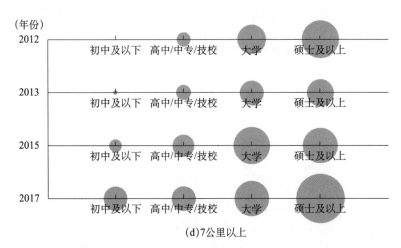

(d)7公里以上

图3-25 不同受教育水平城镇居民休闲半径比较（续）

3.2.3 休闲内容变化特征[*]

本书将休闲内容，即休闲活动划分为消费购物、文化休闲、体育健身、居家休闲四种类型。其中，消费购物包括外出就餐，实地购物，美容美发美甲，洗浴按摩，KTV唱歌，去咖啡厅、茶馆、酒吧，游乐游艺（如游乐场、嘉年华、水上乐园等），DIY手工等活动；文化休闲包括看电影，听戏剧、歌剧、音乐剧，参观博物馆、展览馆、科技馆、艺术馆、名人故居，实地看文艺演出、体育比赛，去书店、图书馆，学习科学文化知识，书法、绘画、集邮等活动；体育健身包括去健康中心健身、球类运动、游泳、跑步、骑行、散步遛弯、唱歌、跳舞以及武术、太极、响鞭、陀螺等传统体育锻炼活动；居家休闲包括亲戚朋友串门，看电视、听广播，关注新媒体，养花草、宠物，室内装饰等休闲活动。

＊ 关于休闲内容（数据）调整的说明：持续性的研究是一个不断优化的过程，其中包括对问卷的调整。涉及休闲内容，2012～2017年原始问卷包括了异地旅游。随着对旅游与休闲概念的不断厘清，2019年以后的问卷内容不再包括旅游。因此，对2012～2017年城乡居民休闲活动的偏好数据，剔除旅游选项后，重新进行了计算。

3.2.3.1　居家休闲是城乡居民闲暇时间最主要的休闲活动，但随着时间推移，城乡居民选择户外休闲的趋势明显

如图 3 – 26 所示，城乡居民闲暇时间最主要的休闲活动为居家休闲，其次为体育健身、消费购物，而文化休闲居于末位。2012 年，城镇居民和农村居民选择居家休闲的受访者占比分别为 53.77%、76.49%，选择体育健身的受访者占比分别为 25.04%、19.05%，选择消费购物的受访者占比分别为 14.10%、2.68%，选择文化休闲的受访者占比分别为 7.08%、1.79%。可以看出，农村居民选择居家休闲的受访者远高于城镇居民，而选择体育健身、消费购物、文化休闲的受访者占比低于城镇居民。2017 年，城镇居民选择居家休闲的受访者占比为 42.40%，比农村居民低 28.53 个百分点，选择消费购物、文化休闲的受访者占比分别为 27.07%、12.24%，比农村居民分别高 20.75 个、8.47 个百分点。与城镇居民和农村居民相比，退休居民更喜欢体育健身。2017 年，退休居民选择体育健身的受访者占比比城镇居民、农村居民占比高 14 个百分点左右。

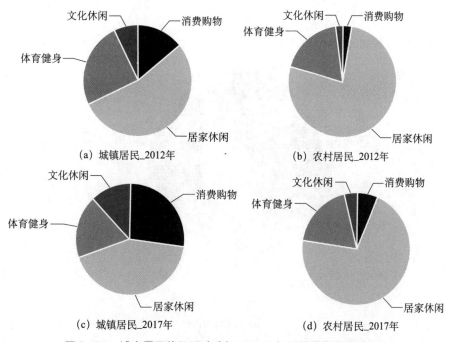

(a) 城镇居民_2012年　　　　(b) 农村居民_2012年

(c) 城镇居民_2017年　　　　(d) 农村居民_2017年

图 3 – 26　城乡居民休闲活动选择（2012 年退休居民数据缺失）

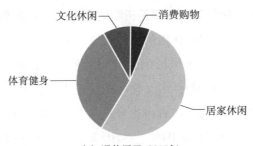

（e）退休居民_2017年

图3－26　城乡居民休闲活动选择（2012年退休居民数据缺失）（续）

随着时间推移，城镇居民、农村居民选择居家休闲的受访者占比呈下降趋势，越来越多城乡居民走出家门，参与户外休闲活动（见图3－27）。2012～2017年，选择居家休闲的城镇居民、农村居民受访者占比分别由53.77%、76.49%下降为42.40%、70.93%，分别下降了11.37个、5.56个百分点。同期，选择文化休闲的受访者占比持续增加。2012年、2013年、2015年、2017年城镇居民文化休闲占比分别为7.08%、7.35%、10.40%、

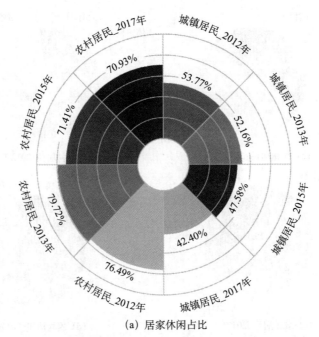

（a）居家休闲占比

图3－27　选择居家休闲、文化休闲的城乡居民受访者占比变化趋势

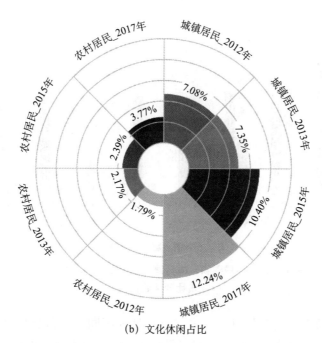

（b）文化休闲占比

图 3 - 27 选择居家休闲、文化休闲的城乡居民受访者占比变化趋势（续）

12.24%，农村居民占比分别为 1.79%、2.17%、2.39%、3.77%。与农村居民相比，城镇居民更偏好文化休闲活动。

如图 3 - 28 所示，2012～2017 年，城乡居民对消费购物类休闲活动的偏好持续上涨，而对体育健身休闲活动的选择在波动中有所下降。2012 年选择消费购物休闲活动的城镇居民、农村居民受访者占比分别为 14.10%、2.68%，到 2017 年这一比重分别增加为 27.07%、6.33%，分别增加了 12.97 个、3.65 个百分点。城乡居民在消费购物活动的选择上差异明显。同期选择消费购物的城镇居民受访者占比比农村居民高出 10～20 个百分点。2012～2017 年，选择体育健身休闲活动的城乡居民受访者占比呈波动下降的态势，一定程度上反映了全民健身意识有待加强。其中，与农村居民相比，城镇居民下降趋势更为明显，由 2012 年的 25.04% 下降为 2017 年的 18.29%，6 年间下降了 6.76 个百分点。

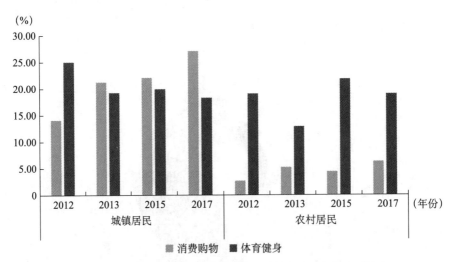

图 3 - 28　选择消费购物、体育健身休闲活动的城乡居民受访者
占比变化趋势

对比城镇居民工作日、周末、节假日等不同时间段休闲活动选择发现，周末选择居家休闲的受访者占比最低，周末成为城镇居民户外休闲的重要时段。对比工作日与周末，随着闲暇时间增多，消费购物与文化休闲对居家休闲与体育健身具有替代效应，即选择居家休闲与体育健身的受访者占比下降，而选择消费购物与文化休闲的受访者占比上升。2012 年，工作日选择居家休闲和体育健身的受访者占比分别为 56.53%、26.88%，周末占比分别为 49.25%、25.78%；工作日选择消费购物、文化休闲的受访者占比分别为 9.52%、7.07%，周末分别为 17.83%、7.14%，消费购物占比增幅明显。同样，2017 年，工作日选择居家休闲和体育健身的受访者分别比周末高 6.87 个、12.77 个百分点，而选择消费购物和文化休闲的受访者占比分别比周末低 15.62 个、4.03 个百分点。比较农村居民农忙与农闲时段对休闲活动类型的选择发现，居家休闲与消费购物、文化休闲具有明显的替代效应，体育健身在农忙、农闲时的占比基本保持不变。据调研数据，2017 年，农村居民农忙时选择居家休闲的受访者占比比农闲时高 7.32 个百分点；农闲时选择消费购物与文化休闲的受访者占比分别比农忙时高 5.06 个、2.15 个百分点。

3.2.3.2　各大类休闲活动内部结构特征*

进一步分析消费购物类休闲活动内部结构，实地购物、外出就餐是城镇居民主要的消费购物休闲活动，2013 年、2015 年、2017 年二者占比之和均达 70% 以上，分别为 74.85%、73.24%、72.44%，其次为去 KTV 唱歌等休闲活动（见图 3 - 29）。从变化趋势来看，2013～2017 年，闲暇时间选择去商城、超市、市场等实地购物的城镇居民受访者占比持续降低，由 57.90% 下降到 41.09%，下降了 16.81 个百分点，这一定程度上反映了，随着网上购物、线上消费方式的日益普及，越来越多的城镇居民愿意选择更为便利、省时的线上购物体验。选择外出就餐的城镇居民占比不断上升，由 2013 年的 16.95% 增加为 2017 年的 31.35%，提高了 14.40 个百分点，说明在有限的闲暇时间内，人们通过餐饮增进社交的需求不断增强。分析美容美发等其他消费购物休闲活动的变化趋势发现，去 KTV 唱歌等这种传统的休闲方式占比波动下降，由 2013 年的 13.52% 下降到 2017 年的 8.64%，而去游乐场、参加嘉年华、水上乐园、密室逃脱、电玩城、真人 CS 等游乐游艺休闲活动的城镇居民受访者逐年增加，由 2013 年的 1.73% 增加为 2015 年的 3.91%，再至 2017 年的 7.32%，5 年间增加了 5.59 个百分点，同期参与 DIY 手工艺活动的城镇居民占比也有所增加。这一现象表明，随着休闲活动的日益丰富，城镇居民的休闲活动选择不断增多，而休闲需求也持续发生着变化。

从文化休闲活动内部结构来看，看电影是城镇居民释放压力、缓解疲劳、放松身心的好方式（见图 3 - 30）。调查数据表明，看电影占据了城镇居民文化休闲活动的半壁江山。2013 年城镇居民闲暇时间选择看电影的受访者占比为 42.86%，到 2017 年这一比重达到 57.96%，增长了 15.10 个百分点。看电影这项文化休闲活动，越来越受到城镇居民的喜爱。尽管与

---

　　* 研究过程中，2013 年在 2012 年问卷基础上对各大类休闲活动内部细分进行了细微调整。为保证研究可比性与一致性，在分析各大类休闲活动内部结构时，仅对 2013～2017 年进行比较。

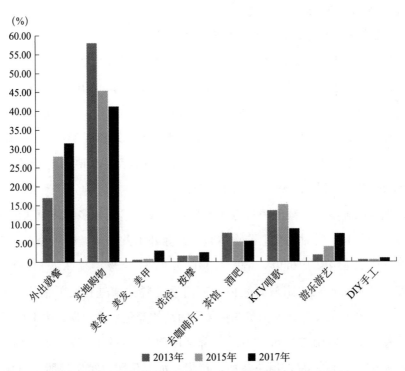

图 3－29　城镇居民消费购物类休闲活动内部结构及变化

看电影相比，选择看戏剧、听歌剧音乐剧，参观博物馆、展览馆、名人故居等文博场馆，实地看文艺演出、体育比赛等文化休闲活动的受访者占比较低，但从 2013～2017 年变化趋势来看，这些文化休闲活动占比呈波动或持续上升的态势，一定程度上反映了城镇居民闲暇时间选择多元化休闲活动的意识不断觉醒。中国旅游研究院（文化和旅游部数据中心）专项调查表明，有高达 84.7％的城镇居民愿意跨城市参加音乐会。除看电影以外，学习科学文化知识、去书店图书馆学习等也是城镇居民的主要文化休闲活动。但随着时间推移，选择这两项文化活动的受访者占比不断降低，二者之和由 2013 年的 50.31％降低为 30.12％，一定程度上反映了城镇居民在重视室内、书本学习之外，开始选择更为生动、体验性更强的文化场所，来丰富自身的日常休闲生活。

　　与消费购物、文化休闲活动相比，体育健身类休闲活动内部结构相

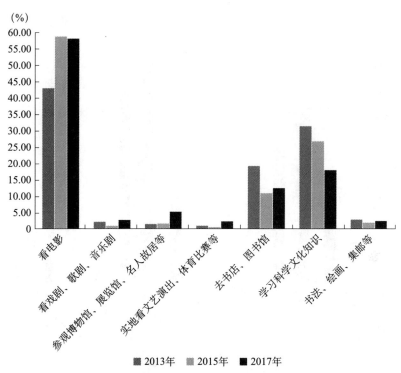

图 3 - 30　城镇居民文化休闲活动内部结构及变化

对均衡。散步遛弯，打羽毛球、乒乓球、篮球、网球、高尔夫、保龄球、台球以及踢足球等多种球类运动，是城镇居民主要的体育健身活动（见图 3 - 31）。但随着时间推移，其在城镇居民日常休闲中的比重有所下降。其中，选择散步遛弯的城镇居民受访者由 2013 年的 41.36% 下降为 2017 年的 35.02%，选择球类运动的受访者占比由 30.91% 下降为 28.01%。比较来看，跑步和去健身中心健身，越来越受到城镇居民的欢迎。选择跑步和去健身中心健身的受访者占比连年增加，且增幅较大，尤其是跑步，2013～2017 年，受访者占比增长了 10.14 个百分点，充分说明，跑步作为一种方便进行、具有诸如减压、增强免疫力、控制体重、改善睡眠质量等多种好处的有氧运动，在国民日常生活中发挥着越来越重要的作用。同期，选择武术、太极、响鞭、陀螺等传统体育锻炼活动的受访者占比持续下降。

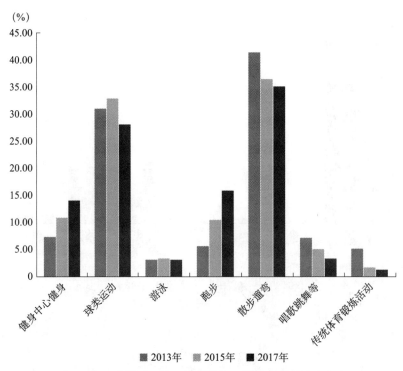

图3-31　城镇居民体育健身类休闲活动内部结构及变化

3.2.3.3　不同属性城乡居民休闲活动偏好特征

1. 不同性别城乡居民对休闲活动的偏好

不同性别城乡居民对各大类休闲活动的偏好存在一定差异性，其中城镇居民的性别差异更为明显。具体来看，男性城乡居民更喜欢体育健身和居家休闲活动，而女性居民更喜欢消费购物和文化休闲，且这种偏好差异有扩大的趋势（见图3-32）。调查数据显示，2013年选择消费购物的男性城镇居民占比比女性低7.29个百分点，而到2017年这一差距扩大到11.66个百分点；同样，2013年选择体育健身的男性城镇居民占比比女性高2.74个百分点，而到2017年这一差距扩大到5.76个百分点。相比之下，农村居民在各大类休闲活动选择方面的性别差异低于城镇居民。

不同性别城镇居民对具体消费购物、文化休闲、体育健身等休闲活动的偏好。

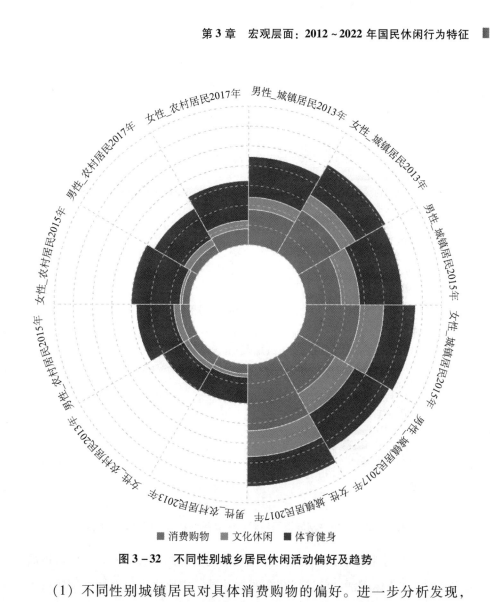

图 3-32　不同性别城乡居民休闲活动偏好及趋势

（1）不同性别城镇居民对具体消费购物的偏好。进一步分析发现，不同性别城镇居民对具体消费购物类休闲活动存在明显的偏好差异（见图 3-33）。具体来看，男性更喜欢外出就餐，去咖啡厅、茶馆、酒吧，KTV 唱歌以及洗浴、按摩等休闲活动；同时，男性选择去游乐场、参加嘉年华、水上乐园、密室逃脱、电玩城、真人 CS 等游乐游艺休闲活动的受访者占比也高于女性。与男性相比，女性在实地购物、美容美发美甲以及参与 DIY 手工艺活动等方面存在明显偏好。2013 年，选择实地购物的女性城镇居民占比比男性高 27.50 个百分点，但随着时间推移，性别差异有所收敛，降低为 12.66 个百分点；同时，外出就餐、去咖啡馆茶馆酒吧以及去 KTV 唱歌等休闲活动的性别差异也有所缩小。

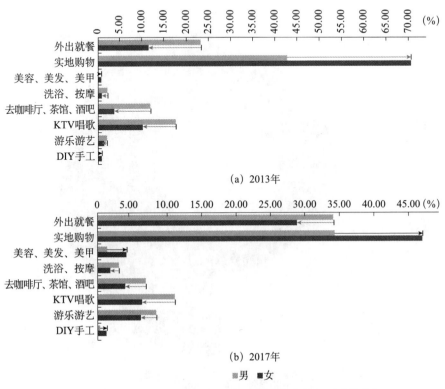

(a) 2013年

(b) 2017年

■男 ■女

图 3 - 33　不同性别城镇居民对具体消费购物类休闲活动的偏好

（2）不同性别城镇居民对具体文化休闲活动的偏好。不同性别城镇居民对具体文化休闲活动的选择存在明显差异。相比之下，女性城镇居民更愿意看电影，参观博物馆、展览馆、名人故居等文博场馆，而男性居民更愿意学习科学文化知识，更喜欢看戏剧、听歌剧音乐剧等，更喜欢书法、绘画、集邮等文化休闲活动（见图 3 - 34）。随着时间推移，不同性别城镇居民在闲暇时间选择看电影的受访者占比差异呈扩大趋势，选择书法、绘画、集邮等文化休闲活动的受访者占比差异有所收敛。此外，男性选择实地看文艺演出、体育比赛，以及去书店、图书馆的受访者占比逐渐超过女性居民。2013 年，男性选择实地看文艺演出、体育比赛等的受访者占比比女性低 1.08 个百分点，而 2017 年男性占比超过女性 0.95 个百分点；同样，男性选择去书店、图书馆的受访者占比由低于女性 0.70 个百分点向高出女性 1.52 个百分点过渡。相较之下，不同性别居民在看戏剧、听歌剧音乐剧，参观文博场馆以及学习科学文化知识等文化休闲活动的偏好差异并未随时间推移发生较大变化，偏好特征固化的现象较为明显。

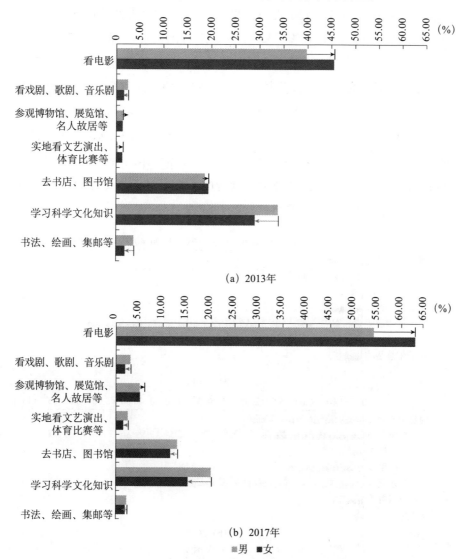

图 3-34　不同性别城镇居民对具体文化休闲活动的偏好

（3）不同性别城镇居民对具体体育健身休闲活动的偏好。比较2013年、2017年不同性别城镇居民选择各体育健身休闲活动的受访者占比，男性、女性居民对各体育健身休闲活动的偏好开始向相对均衡的方向收敛，但男性与女性居民在对具体体育休闲活动的偏好上存在明显差异。可以看出，球类运动更受男性喜爱，是男性居民闲暇时间主要进行的体育健身休闲活动（见图3-35）。数据表明，2013年、2017年男性选择球类运动的受访者占比分别为41.47%、33.43%，分别比女性居民高出25.01个、15.32个百分点。散步遛弯儿是女性最喜欢的体育休闲活动。2013年、2017年选择散步遛弯的女性受访者占比分别为50.28%、39.66%，分别比男性居民高出15.43个、7.17个百分点。随着时间推移，男性居民与女性在球类运动、散步遛弯、唱歌跳舞、广播操以及传统体育锻炼活动等方面的差异呈缩小趋势，而在跑步、去健身中心健身等体育休闲活动方面的性别差异有所扩大。2013年，去健身中心健身的女性受访者占比比男性高1.63个百分点，而2017年这一差距扩大到9.87个百分点。

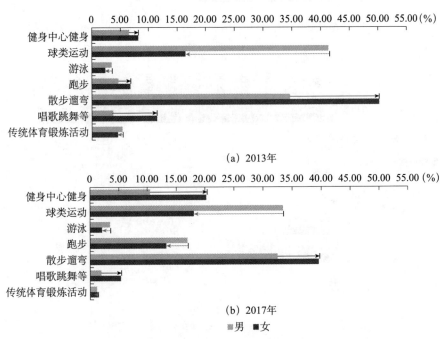

（a）2013年

（b）2017年

■男 ■女

图3-35 不同性别城镇居民对具体体育健身休闲活动的偏好

2. 不同年龄段城乡居民对休闲活动的偏好

居家休闲活动在所有年龄段城乡居民休闲中均占据最高比重，且 45～59 岁、30～44 岁城乡居民居家休闲占比较高。随着时间推移，60 岁及以上城镇居民的居家休闲比重大幅上升。总体来看，城镇居民差异大于农村居民，故本书仅针对城镇居民，具体分析不同年龄段居民对消费购物、文化休闲以及体育健身的偏好差异。由图 3－36 可以看出，2013 年、2017 年，城镇居民选择消费购物的受访者占比随年龄增长逐渐降低，选择体育健身的受访者占比随年龄增长不断提升，说明年龄越大的城镇居民越重视身体健康，越喜欢锻炼身体。选择文化健身的受访者占比与年龄段没有形成相对固化的关系，2013 年 15～29 岁、30～44 岁、45～59 岁城镇居民选择文化休闲的受访者占比依次降低，而 60 岁及以上受访者占比最高；2017 年城镇居民选择文化休闲的受访者占比随年龄增加不断降低。

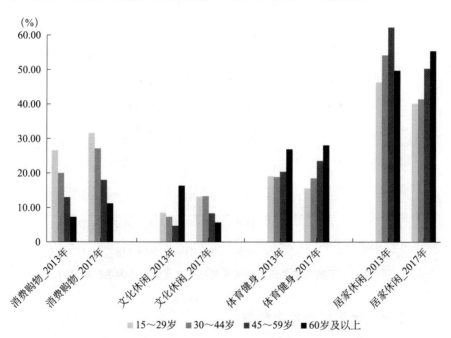

图 3－36　不同年龄段城镇居民对不同类型休闲活动的偏好

不同年龄段城镇居民对不同体育健身休闲活动的偏好。由图 3－37 可以看出，15～29 岁城镇居民最喜欢球类运动，30～44 岁、45～59 岁、60

岁及以上城镇居民最喜欢散步遛弯。随着年龄增长，选择去健身中心健身、参加球类运动、跑步的受访者占比依次降低；而选择散步遛弯、唱歌跳舞、广播操以及传统体育锻炼活动的受访者占比依次增加。这一趋势表明，年轻人更愿意去健身中心健身，更喜欢参与球类运动、跑步等活动量大的体育休闲活动；而年老的城镇居民更喜欢散步遛弯、唱歌跳舞等社交属性强、相对缓和的体育休闲活动。

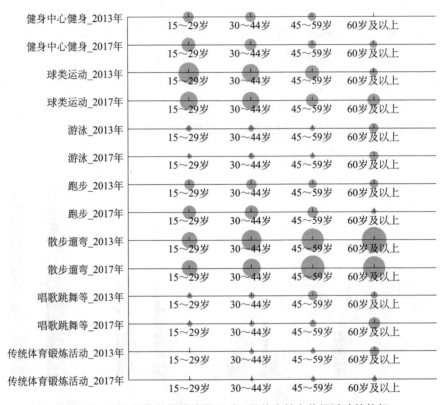

图 3-37　不同各年龄段城镇居民对不同体育健身休闲活动的偏好

3.2.4　休闲行为交叉特征

3.2.4.1　不同休闲活动的休闲半径

从空间范围来看，消费购物、文化休闲、体育健身等各项休闲活动的休闲半径基本集中在 3 公里及以内空间范围内（见图 3-38）。2013 年城镇居民选择距家 3 公里及以内进行消费购物、文化休闲、体育健身的受访者占比分别为 68.8%、69.8% 及 80.06%，到 2017 年，这一占比分别为 68.5%、68.3% 和 83.2%，反映了各项休闲活动的近程化特征。

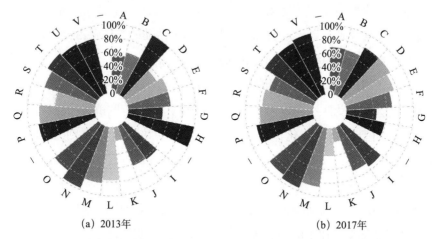

(a) 2013年　　　　　　　　　　(b) 2017年

图 3-38　城镇居民选择 3 公里及以内空间范围进行各项具体休闲活动的受访者占比

注：图中英文字母与休闲活动的对应关系如下：A～H 代表消费购物类休闲活动：A 为外出就餐，B 为实地购物，C 为美容、美发、美甲，D 为洗浴、按摩，E 为去咖啡厅、茶馆、酒吧，F 为 KTV 唱歌，G 为游乐游艺，H 为 DIY 手工；I～O 代表文化休闲活动：I 为看电影，J 为看戏剧、歌剧、音乐剧，K 为参观博物馆、展览馆、名人故居等，L 为实地看文艺演出、体育比赛等，M 为去书店、图书馆，N 为学习科学文化知识，O 为书法、绘画、集邮等；P～V 代表体育健身休闲活动：P 为健身中心健身，Q 为球类运动，R 为游泳，S 为跑步，T 为散步遛弯，U 为唱歌跳舞等，V 为传统体育锻炼活动。

比较外出就餐、实地购物、美容美发美甲、洗浴按摩足疗等各项具体消费购物类休闲活动 3 公里及以内的人群占比发现，去游乐场、参加嘉年华、水上乐园、密室逃脱、电玩城、真人 CS 等游乐游艺休闲活动的受访者占比最低，说明该项休闲活动涉及的休闲半径最大。而美容美发美甲等休闲活动的受访者占比最高。比较看电影、看戏剧、听歌剧音乐剧、参观文博场馆、实地看文艺演出、去书店图书馆、学习科学文化知识、书法绘画集邮等各项具体文化休闲活动 3 公里以内的人群占比发现，学习科学文化知识的受访者占比最高，这与该项休闲活动可居家完成密切相关；而看电影、看戏剧、听歌剧音乐剧的受访者占比较低，参观博物馆、展览馆、名人故居等文博场馆的受访者占比最低，相应地，距家 3 公里以外参观文博场馆的受访者占比最高，这反映了城镇居民愿意去距家较远的地方参与该项文化休闲活动。比较健身中心健身、球类运动、游泳、跑步、散步遛弯等各项体育健身类休闲活动 3 公里及以内的人群占比发现，各项活动受访者占比相对均衡，而参与游泳这项体育休闲活动的受访者占比较低。

3.2.4.2　不同休闲活动的休闲时间

从休闲时间来看，消费购物、文化休闲、体育健身等各项休闲活动的休闲时间大部分为 4 小时以内（见图 3－39）。2013 年城镇居民花费 4 小时以内进行消费购物、文化休闲、体育健身的受访者占比分别为 81.9%、92.5%、96.9%；到 2017 年，这一占比分别为 86.7%、90.4%、98.3%。可以发现，4 小时以内进行消费购物、体育健身的占比有所增加，而进行文化休闲的占比有所减少，一定程度上反映了，城镇居民愿意花费越来越多的时间进行文化休闲活动。

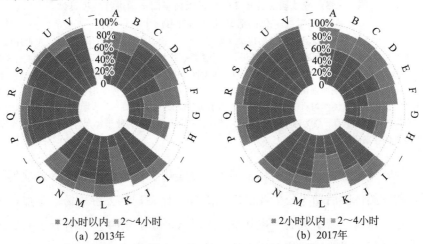

（a）2013年　　　　　　（b）2017年

图 3－39　城镇居民花费 2 小时以内、2～4 小时时间进行休闲活动的
受访者占比

注：图中英文字母与休闲活动的对应关系如下：A～H 代表消费购物类休闲活动：A 为外出就餐，B 为实地购物，C 为美容、美发、美甲，D 为洗浴、按摩，E 为去咖啡厅、茶馆、酒吧，F 为 KTV 唱歌，G 为游乐游艺，H 为 DIY 手工；I～O 代表文化休闲活动：I 为看电影，J 为看戏剧、歌剧、音乐剧，K 为参观博物馆、展览馆、名人故居等，L 为实地看文艺演出、体育比赛等，M 为去书店、图书馆，N 为学习科学文化知识，O 为书法、绘画、集邮等；P～V 代表体育健身休闲活动：P 为健身中心健身，Q 为球类运动，R 为游泳，S 为跑步，T 为散步遛弯，U 为唱歌跳舞等，V 为传统体育锻炼活动。

3.3　小康社会的国民休闲：2019～2022 *

与新冠疫情前相比，2022 年人民群众的休闲权利意识日渐彰显，休闲时间较新冠疫情前大幅提升，休闲半径收缩，休闲活动丰富多样。优化假日分布格局，构建基于社区的多元休闲空间和消费场景，培育休闲活动的文化和科技新动能，是推进国民休闲高品质发展的有效路径。

3.3.1　休闲时间变化特征

3.3.1.1　作为日渐彰显的国民权利，休闲已成为人们日常生活的刚性需求

2022 年，城乡居民每日休闲时间平均为 3.89～5.66 小时。城镇居民休闲时间与可支配时间紧密相关，周末、节假日每天休闲时间分别为 4.80 小时和 4.61 小时，分别占一天时间的 20.00% 和 19.21%，工作日只有 3.89 小时，占一天时间的 16.21%；农村居民休闲时间高于城镇居民工作日，但低于周末和节假日，为 4.14 小时；退休居民休闲时间最长，平均每天 5.66 小时，占全天时间的比重达 23.58%（见图 3-40）。随着国民生活品质的不断提高，城乡居民用于休闲的时间开始超过照看老人/孩子、陪孩子学习、家务劳动、看病就医等无偿劳动所花费的时间，休闲成为继生理活动、工作（有偿劳动或学习）之后的首要选择。

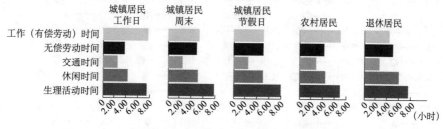

图 3-40　2022 年城乡居民时间分配

---

* 戴斌，李雪. 小康社会的国民休闲：觉醒的权利与变化的行为 [R]. 旅游内参，2022. 11. 5.

不同群体休闲时间分布结构存在明显差异。2022年，城镇居民工作日、农村居民每天休闲时间集中在2～4小时的受访者占比最高，分别为36.57%和37.95%；城镇居民周末与节假日每天休闲时间集中在4～6小时的受访者占比最高，分别为32.50%和37.64%；退休居民每天花费7小时以上用于休闲的受访者人数最多，占比达31.93%。总体上，半数以上城镇和农村居民每日休闲时间集中在2～4小时与4～6小时，两个时段居民占比之和达60%左右（见图3-41）。

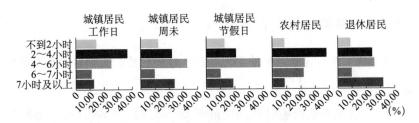

图3-41 2022年城乡居民休闲时间分布结构

城乡居民休闲时长具有显著地域差异。2022年，城镇与农村居民在休闲时间方面的区域差异小于退休居民。在调研的10个城市中，沈阳城镇居民在工作日和周末时段休闲时长均排名第一，北京城镇居民节假日休闲时间位列第一；长沙、南京、北京的农村居民休闲时间较长；南京退休居民休闲时间最长，而广州退休居民休闲时间最短（见图3-42）。

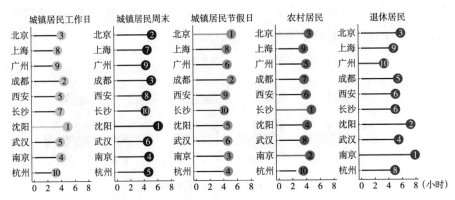

图3-42 2022年不同城市居民休闲时间对比

3. 3. 1. 2 城乡居民休闲时间较疫情前大幅提升，周末休闲日趋常态化

2022 年，城镇居民工作日、周末、节假日休闲时间较新冠疫情前 2019 年均出现不同程度增长：周末增幅最大，成为城镇居民休闲重要时段，节假日次之，日均休闲时间分别增加 1. 36 小时、0. 85 小时。农村居民平均每天休闲时间从 2019 年的 3. 14 小时上升至 4. 14 小时，涨幅达 31. 85%。从全年来看，2022 年城镇和农村居民的总休闲时长分别为 1 522. 40 小时和 1 511. 10 小时，比新冠疫情前 2019 年分别增加 289. 30 小时和 365. 00 小时。受新冠疫情防控居家办公影响，城镇居民交通时间大幅减少，但工作时间并未缩减反而有所延长。2022 年，城镇居民全年工作时间比 2021 年增加 192. 60 小时，而交通时间由 2021 年的 1 191. 90 小时降低为 852. 00 小时，减少了 339. 90 小时（见图 3 - 43）。

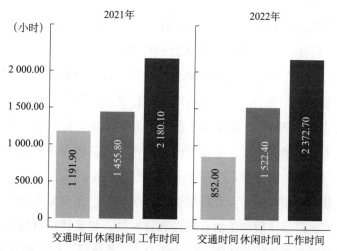

图 3 - 43　城镇居民年度交通时间、休闲时间及工作时间对比

3. 3. 1. 3 休闲时间总量充足、自主选择性相对较弱，是影响国民休闲获得感的主要因素

对时间利用结构的调查发现，半数以上城乡居民工作时间较长。2022 年，城镇居民工作时间 8 小时以上及农村居民 6 小时以上占比均超过 70%。其中，有 55. 51% 的城镇居民工作时间为 8～10 小时，有 14. 71% 的

受访者工作时间达 10 小时以上。从发展趋势来看，工作时间过长仍将是较长时期内国民持续面临的一种常态。如何平衡繁忙工作与休闲生活，在劳逸结合中释放工作压力、体验美好生活，是当前乃至未来国民休闲面临的关键问题。在休闲权利日渐觉醒的新时期，完善的制度保障体系对于实现高品质国民休闲尤为重要。

目前，我国法定节假日与双周末的总数为 115 天，占全年总天数 31.51%，可用于休闲旅游的可支配时间并不短，但普遍存在的问题是，休闲旅游时间总量与自主选择出行假期的需求之间存在着矛盾。周末休闲常态化这一趋势进一步表明，对节假日不宜做过多前挪后移、拼假凑假的调整，应尽量维持人们的生活工作节奏，把什么时间、去什么地方休闲、旅游的权利交给人民群众，以满足国民在不同时段的旅游休闲需求，实现"我的行程我做主"。

切实推进带薪休假制度落实。国家层面要保障劳动者休假权益，完善年假补偿和转移机制，推进弹性休假制度施行。国务院办公厅于 2023 年 10 月 25 日发布了《关于 2024 年部分节假日安排的通知》（以下简称《通知》），鼓励各单位在大家最需要的时候进行统一休假安排。2024 年部分年节和纪念日放假安排，已体现了节假日布局的优化安排，是国务院务实推进带薪年休假的制度创新。地方层面应因地制宜，试行有地方特色的休假安排，针对不同年龄、收入水平等不同属性城乡居民探索弹性、灵活的休假制度。鼓励企业探索适合自身的弹性休假制度，允许员工自主、弹性安排假期，增强带薪休假制度的有效性和针对性，切实让越来越多的人在带薪休假中得以平衡工作与休闲，释放压力、享受生活，增强幸福感。

3.3.2 休闲空间变化特征

3.3.2.1 距家 3 公里以内区域构成了国民休闲活动的主体空间范围

近距离的出行、高频次的休闲，已成为新冠肺炎疫情以来国民旅游休闲的显著特征。2022 年，有 86.19% 的城镇居民、91.64% 的农村居民、88.37% 的退休人员选择在距家 3 公里范围内进行休闲活动。与城镇居民和退休居民相比，农村居民近地化休闲特征更为明显，其选择距家 1 公里内的受访者占比最高，达 48.28%。此外，在距家 3 公里以上空间范围内进行休闲的城乡居民占比随距离增加而递减。闲暇时间对城镇居民是否选择远距离休闲的影响不大，如城镇居民工作日、周末、节假日选择 7 公里以上远距离休闲的受访者占比分别为 0.74%、0.68%、0.69%（见图 3 - 44）。

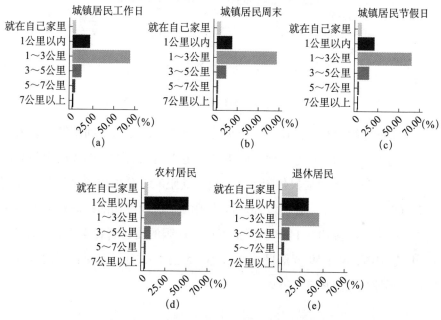

图 3 - 44　2022 年城乡居民不同休闲半径占比

城乡居民因性别、年龄等属性不同呈现出相异的休闲活动范围偏好。从不同性别人群来看，男性休闲半径整体大于女性：选择 3 公里以内进行休闲的女性受访者占比高于男性，其中，农村居民的性别差异更为明显，女性占比较男性高出 8.69 个百分点；选择 3 公里以上空间范围进行休闲的男性居民较多，其中，男性城镇居民工作日选择 3～5 公里、5～7 公里空间范围进行休闲的受访者占比分别比同期女性高出 3.26 个、2.15 个百分点，而农村居民 3～5 公里选项的性别差异达 6.63 个百分点（见图 3 - 45）。

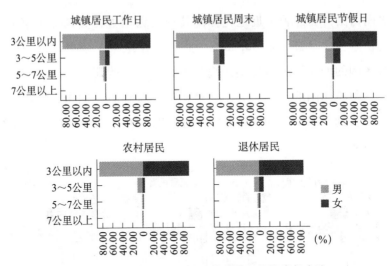

图3-45　2022年不同性别城乡居民休闲半径占比

从不同年龄农村居民休闲半径来看，受访者占比随空间距离的扩大均呈开口向下的抛物线形态，但不同年龄段抛物线顶点对应的休闲半径有所不同。45～59岁农村居民休闲半径最短，其距家1公里以内受访者占比高达77.69%，而选择1公里以外进行休闲的受访者占比随距离扩大而不断递减；其余年龄段选择1～3公里范围进行休闲的受访者比重最大。在3～5公里范围内，45～59岁居民比重最小；5公里以上范围内各年龄段的选择人数都较少（见图3-46）。

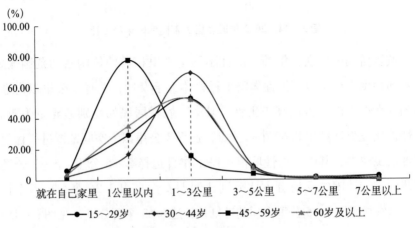

图3-46　2022年不同年龄农村居民休闲半径占比

3.3.2.2　城乡居民近程化休闲趋势日益明显

2019~2022 年,城乡居民休闲活动的近程化趋势日渐明显。城乡居民选择近程休闲的受访者占比大幅增长:城镇居民和退休居民在距家 1~3 公里空间范围内进行休闲的占比分别由 2019 年的 32.21%、24.86% 增加至 2022 年的 63.79%、41.31%;农村居民 1 公里以内占比增加 28.18 个百分点(见图 3-47)。而选择 3 公里以上区域进行休闲的受访者占比明显降低:城镇居民、农村居民和退休居民占比分别由 42.27%、40.25% 和 33.14% 降低为 13.81%、8.36% 和 11.63%(见图 3-48)。可见,与新冠肺炎疫情前的 2012~2017 年数据相比,开始崛起的中远程距离休闲受新冠肺炎疫情影响,休闲半径持续缩短。

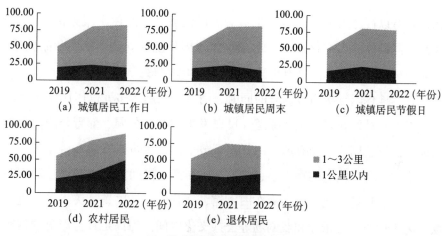

图 3-47　城乡居民近程休闲占比变化趋势

3.3.2.3　以社区为中心,培育多元化休闲空间和消费场景

商业服务体系的完善性和公共服务的便利性,是旅游"生活化"与休闲"近地化"背景下本地居民和外来游客共同的基本需求。新冠肺炎疫情暴发以来,城乡居民近距离的出行、高频次的休闲更是对当地基础设施、公共服务设施、商业环境和生态绿化等提出了新要求。各级地方政府要以主客共享理念为指引,统筹规划交通、餐饮、娱乐、购物等商业接待体系和文化、健身、医疗、养老以及问询、公共厕所、应急管理等公共服务体

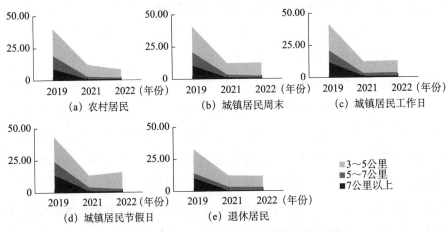

图3-48　城乡居民中远程休闲占比变化趋势

系，打造以社区为中心的休闲生活圈。以便捷高效的休闲服务供给能力，满足不同群体的多样化需求，形成整体休闲环境的安全、秩序和品质感，让人民群众的近地休闲具有更高的获得感和幸福感。

在本地休闲频次明显提升的同时，消费场景趋于多元。居民休闲活动可以发生在社区花园、城市绿道，可以发生在城市公园、郊野公园、森林公园、国家公园等一切有风景的开阔开放空间，也可以发生在游乐场、餐馆、酒吧、咖啡馆、购物中心、旅游休闲街区、夜间消费集聚区、酒店与民宿等商业环境，还可以发生在图书馆、文化馆、博物馆、美术馆、电影院、艺术中心、音乐厅和戏剧场等公共文化空间。为满足日益彰显的国民休闲需求，地方政府应以城乡居民不同群体个性化、碎片化休闲需求为导向，以社区为中心，营造多元化休闲消费场景，培育多样化"点—线—网"品质休闲空间，让广大人民群众时时处处休闲好。

3.3.3　休闲内容变化特征

3.3.3.1　消费购物仍以绝对优势成为国民休闲基础选项

2022年，选择实地购物、外出就餐、美容美发、游乐游艺等消费购物类休闲活动的城乡居民占比具有绝对优势，为60%～70%；其次为看电影，参观博物馆、展览馆、科技馆、艺术馆、名人故居以及去书店、图书馆等文化休闲活动，占比 14%～23%；体育健身和居家休闲占比最低。调查结果表明，随着闲暇时间增多，城镇居民消费购物占比波动下降，文化休闲比重波动上升。节假日选择消费购物的城镇居民占比为 59.49%，分别比工作日、周末低 4.13 个和 6.27 个百分点，而选择文化休闲的受访者分别比工作日、周末高出 4.08 个和 6.76 个百分点。对于农村居民，消费购物在其日常生活中的基础性作用更为明显，占比高达 71.19%。与城镇和农村居民相比，退休居民中选择体育健身休闲活动的受访者占比最高，达 12.04%（见图 3-49）。

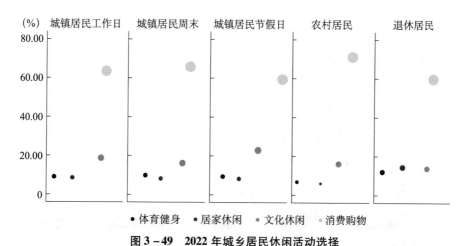

图 3-49 2022 年城乡居民休闲活动选择

城乡居民对单项消费购物类休闲活动的偏好存在一定差异性。对于实地购物，退休居民占比最高，为 27.92%；城镇居民工作日次之、节假日最低，分别为 22.29%、12.93%。随着闲暇时间增多，选择实地购物与美容美发的城镇居民减少，而参与游乐游艺、洗浴按摩、KTV 唱歌等休闲活动的居民有所增多。与城镇居民、退休居民相比，农村居民在闲暇时间更喜欢喝茶、美发等休闲活动，二者占比达 47.87%（见图 3-50）。

3.3.3.2 文化休闲在城镇居民日常生活中的比重日益提升

与 2019 年相比，越来越多的城乡居民愿意走出家门，参与多元化户外

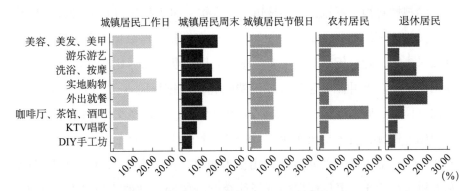

图 3－50　2022 年消费购物类休闲活动内部结构

休闲活动。2022 年，城镇居民、农村居民和退休居民居家休闲比重分别比 2019 年下降 5.26 个、12.92 个和 9.17 个百分点，利用闲暇时间外出休闲的意愿更为强烈。此外，文化休闲在城镇居民日常生活中的比重日益提升。城镇居民工作日，文化休闲占比由 2019 年的 15.11% 增加至 2022 年的 18.78%，节假日这一比重由 16.92% 提升至 22.86%，增加了近 6 个百分点。体育健身占比较新冠肺炎疫情前下降，一定程度上反映了国民健康意识、体育健身服务供给等仍存在较大提升空间（见图 3－51）。

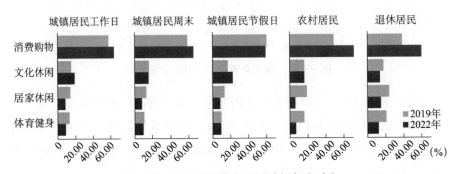

图 3－51　城乡居民休闲活动选择年度对比

从单项文化休闲活动偏好来看，城镇居民最喜欢看电影，尤其是工作日，该项活动占比达 30.85%；随着闲暇时间增多，选择参观博物馆、展览馆、科技馆等文化场所的城镇居民有所增加。对于农村居民，选择听戏曲的受访者占比最高，为 49.03%，而选择参观文化场馆、观看文艺演出等休闲活动的居民占比明显低于城镇居民。对于退休居民，其对书法、绘画、集邮等活动表现出更为明显的偏好意向，占比达 12.88%，是城镇和农村居民相应占比的 2～3 倍（见图 3－52）。

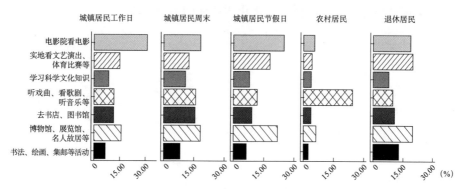

图 3－52　2022 年文化休闲活动内部结构

3.3.3.3　以文化和科技，创新国民休闲发展动能

文化是当地生活的集中体现。在全面建成小康社会的时代背景下，文化在休闲场景中的吸引力要素作用越来越重要，文化引领的美好生活特征越来越明显。无论是餐饮、酒吧、咖啡厅、购物中心、休闲街区、商圈等商业环境，还是电影院、戏剧场、图书馆、艺术中心等公共文化空间，无一不散发着当地的人文气息和文化魅力，承载着城市的厚度和温度，吸引着人们去感受和探寻。正是这些融入城乡生活场景、承载当地居民幸福感的休闲空间，吸引着广大当地居民和异地游客流连忘返。高品质的国民休闲供给，必须厚植当地的文化特色与文化底蕴，实现传统文化的创新性传承和创造性转化，让广大城乡居民在旅游休闲中领略文化之美。

科技让多数人尽享平等的旅游休闲权利，以及快速、便捷而自由的服务。当代科技对增强国民休闲的参与感、体验感和获得感，对提升城乡居民的休闲满意度越发重要，对高品质国民休闲发展的重要性也不言而喻。当且仅当科技与休闲消费场景相链接，才具有产业意义，才能推动休闲服务供给提质升级。各地应凝聚"增强科技创新这个第一动力"的发展共识，推动移动通信、物联网、大数据、人工智能等技术与休闲消费场景进行有效链接，通过资本和商业的结合创造全新的生活场景和消费内容，满足城乡居民日益彰显的高品质休闲需求。同时，地方政府应借助互联网和大数据技术，提升休闲行业监管能力和休闲市场社会治理能力现代化水平，实现诚信经营和文明休闲，优化国民休闲消费环境。

第 4 章

微观层面：国民休闲综合性空间载体——旅游休闲街区与商圈*

4.1　旅游休闲街区与商圈的重要地位

4.1.1　旅游休闲街区建设是国家战略需要，更是国民休闲现实需求

4.1.1.1　旅游休闲街区是助力城市旅游高质量发展的重要新生力量

党的十九届五中全会审议通过的《中共中央关于制定国民经济和社会发展第十四个五年规划和二〇三五年远景目标的建议》明确提出："十四五"期间，打造一批文化特色鲜明的国家级旅游休闲城市和街区。目前，全国已涌现出一批承载悠久历史、彰显现代时尚与繁荣的知名街区，如北京的南锣鼓巷、上海的南京路、重庆的解放碑、成都的宽窄巷子、广州的天河路、哈尔滨的中央大街等。这些街区已成为城市旅游休闲的风向标和城市名片。2019 年，宽窄巷子游客量达 4 163.7 万人次，实现营业总额12.11 亿元①；被誉为"中华商业第一街"的南京路游客量突破 2 亿人次，成为上海最繁华的商业街②；重庆解放碑吸引游客量逾 1.6 亿人次，带动

＊ 本章节内容为文化和旅游宏观决策课题重点项目《国家级旅游休闲街区：多维解构与创建路径》（项目编号：2021HGJCK10）相关研究成果。

① "全国示范步行街"在宽窄巷子揭牌 助力成都休闲消费回暖［N/OL］. 中国青年报，［2020－08－11］. https：//baijiahao. baidu. com/s？id＝1674724524172635245&wfr＝spider&for＝pc.

② 从"客流地"到"客留地"，南京路步行街持续领跑上海商圈［EB/OL］. https：//m. thepaper. cn/baijiahao_ 10351100.

区域社会消费品零售总额突破 800 亿元①。据中国旅游研究院（文化和旅游部数据中心）《2020 中国夜间经济发展报告》专项研究，城市夜生活体验已成为游客和市民休闲旅游的首选。2019 年，西安大唐不夜城围绕"盛唐文化"进行夜游升级，实现游客接待量 1.01 亿人次②，成为夜游西安新地标。总体上看，旅游休闲街区作为城市最具活力的街区组织，对于重塑城市休闲内容、引领业态创新、优化休闲空间结构等方面具有重要作用，已成为推动城市旅游休闲产业迈向高质量发展的新生力量。

4.1.1.2　旅游休闲街区是满足国民大众基本休闲需求的重要载体

根据旅游发展基本规律和国际经验，当人均年出游达 3～5 次，旅游发展进入内涵式增长阶段，开始成为大众的日常生活方式。中国旅游研究院（文化和旅游部数据中心）《2019 年旅游市场基本情况》显示，2019 年，我国已形成国内旅游 60.06 亿人次、6.63 万亿元总收入的空前市场规模，人均年出游近 4.3 次，已完全进入大众旅游的纵深化发展新阶段，旅游和休闲需求旺盛。据中国旅游研究院（文化和旅游部数据中心）2019 年国民休闲专题调查，7 成左右受访者在闲暇时间选择餐饮购物、文化娱乐和体育健身等休闲活动。休闲已成为城乡居民日益增长的基本生活需求。北京本地生活研究中心调研显示，簋街日间市场，本地居民及其消费规模分别占比 85.08% 和 74.45%。阿里巴巴对北京王府井、成都宽窄巷子等 11 条步行街 2019 年的消费调研发现，外地客流约占 38%，而本地占比高达 62%。

本章以北京市主城区为研究范围，通过获取 POI（兴趣点）数据，分析餐饮服务点的空间分布格局。结果表明，主城区的核心城区是餐饮服务点的主要聚集区。进一步分析东城区、西城区数据，发现餐饮服务点在王府井步行街、新世界百货、花市大街、南锣鼓巷、簋街、西单商场、大栅

---

① 深度｜看重庆"母城"如何焕发新生！［N/OL］. 重庆日报，［2020 - 08 - 11］. https：//baijiahao. baidu. com/s？id = 1674704874796361504&wfr = spider&for = pc.

② 「中国有约」大唐不夜城：一场梦回大唐之旅［EB/OL］. https：//baijiahao. baidu. com/s？id = 1698083539521492981&wfr = spider&for = pc.

栏以及西直门凯德 MALL 等街区和商圈高度聚集；而朝阳区的餐饮服务点空间分布格局也进一步表明，欢乐谷、合生汇、国贸、三里屯、蓝色港湾、亚运村、望京等是餐饮服务点的主要聚集区。这些都充分说明，旅游休闲街区不仅是外地游客休闲购物的好去处，更是本地市民流连忘返的休闲空间。随着旅游休闲街区建设工作的逐步推进，将有越来越多的本地居民走上街头感受城市的活力和内涵。

4.1.1.3　旅游休闲街区是人民群众对美好生活的新期待

旅游休闲街区，过往更多关注普通游客，生活服务性功能较差。随着国家级旅游休闲街区的建设，街区服务本地居民生活与休闲体验的整体环境也将不断得到改善。中国旅游研究院（文化和旅游部数据中心）用 13 年 50 多个季度，持续对全国 60 座城市的游客满意度进行跟踪调查，研究表明，城市的品质和温度，是打动人心的持久力量。因此，无论是传统的综合性商业街区、历史文化街区，还是全新打造的特色主题街区、文化创意街区，只要同时承载经济社会发展和传承历史、繁荣文化功能，都可能是主客共享的美好生活新空间，也都可能发展成为国家级旅游休闲街区。

4.1.2　国内外旅游休闲街区与商圈案例解析

4.1.2.1　国外知名街区、商圈案例解析

1. 美国纽约第五大道

第五大道是美国纽约曼哈顿一条重要的南北向干道，其两端分别是华盛顿广场公园和中央公园，中间穿过格林尼治村、中城、上东区、哈莱姆区，全长 11.27 千米，是世界著名的城市中心休闲、旅游胜地。其中，中央公园处于曼哈顿的"心脏"地带，公园内设有艺术廊、剧院、动物园、网球场、游泳池，外围还有 8 座博物馆和美术馆，可提供各项人性化的功能。最南端华盛顿广场文化气息浓郁，是作家、画家、演员、艺术家的聚集地。

第五大道沿线景点众多，由南至北有帝国大厦、纽约公共图书馆、洛克菲勒中心、圣帕特里克教堂以及中央公园等。沿路博物馆众多，包括大

都会艺术博物馆、惠特尼美术馆、所罗门·古根汉姆美术馆、现代艺术博物馆、美国手工艺品博物馆、电视电台博物馆、纽约市博物馆库珀·休伊特设计博物馆等著名的美术博物馆，因此也被称为"博物馆大道"。

第五大道商业街主要拥有商业零售、商务办公、文化艺术与科技创新功能。货品丰富、品牌尤其是世界知名品牌齐全、高档优质为其突出特点。

作为一条穿越曼哈顿的主要街道，第五大道每年都举办各式游行或传统节日活动，折射出了纽约的文化多样性及多元文化价值观。第五大道作为承载这些活动的商业街区，也形成了多元包容的商业文化。

第五大道上采取人车混行的交通模式，平时允许小汽车和公交车通过，只是在夏季的星期日或大巡游期间禁止汽车通行。在第五大道上，留有专门的自行车道。第五大道与20余条街道相交，且这些街道大多为单行线，不能停车。

2. 法国巴黎香榭丽舍大街

香榭丽舍大街位于巴黎市老城区的中心，东起协和广场，西至星形广场，是巴黎最为繁华、浪漫的街道。大街呈长条状分布，以圆点广场为界分成两部分：东段是约700米长的林荫大道，西段是长约1 200米的高级商业区，也是全球世界名牌最密集的地方，分布有法国航空公司、法兰西商业信贷银行，以及奔驰、雪铁龙等名牌轿车公司的展厅，此外还汇聚了一些著名的香水店、夜总会和快餐店。著名的凯旋门就矗立在大街西段星形广场的中央。

香榭丽舍大街是文学作品中贵族和新兴资产阶级的娱乐天堂，许多关于18、19世纪的小说，例如，大仲马的《基度山伯爵》、小仲马的《茶花女》、巴尔扎克的《高老头》等作品都对香榭丽舍大街的繁华做了描写。许多重大的节日庆典在香榭丽舍大街举行，同时还常常举办一些群众性文化活动，如"收获节""雕塑展""列车展"等，体现了巴黎人独有的创意和浪漫气质，展现了巴黎的城市文化。

巴黎香榭丽舍大街允许汽车通行，大街为双向八车道，同时采取了增加公共交通运量、近距离交通、鼓励步行等措施控制和减少车流量，降低车行交通对环境及人的活动的影响。

3. 日本东京银座

自 20 世纪 20 年代后期，银座开始成为东京最繁华、格调高雅的新潮商业中心，成为高级、名牌、流行、品味、信用、货真价实、憧憬、时尚的代名词。其不仅是东京商业中心的代表，而且已发展成为日本现代化的标志和橱窗，具有独特的"标新"和"逆反"文化特征。

银座的繁荣得益于发展的交通体系，特别是和地铁的发展密切相关。银座附近有日比谷、有乐町、丸之内线等多条线路。银座中央大街周一至周五汽车可以通行，周六和周日会进行交通管制，将银座中央大街变成步行街。

银座业态丰富，零售商店、餐厅、茶馆、咖啡厅、酒吧、歌舞厅以及画廊、展览馆、博物馆等休闲、文化设施完善。

4. 加拿大蒙特利尔地下城

加拿大蒙特利尔，是对城市地下空间成功利用的典范，号称拥有全球规模最大的地下城。其起源于修建穿越皇家山（MontRoyal）的铁路地道，最初主要依靠交通和商业这两个功能，后来发展成为集交通、商业、休闲娱乐功能三位于一体的综合型场所。

蒙特利尔市地下城的空间形态变化反映一个城市地下空间演化的传统规律，即从点状开发到多核式分散组团，并沿着轴向发展，组团内部扩展，形成点状引擎，组团之间逐步连通形成系统。

地下城的公共服务设施建设较为完善，所有出入口都设有自动升降梯。地下城长廊里摆有各种花草树木，利用电灯光促其生长。花草树木间安置各种凳椅，供游人、顾客休息。

4.1.2.2 国内知名街区、商圈案例分析

1. 北京南锣鼓巷

北京南锣鼓巷南起地安门东大街，北至鼓楼东大街，东起交道口南大街，西至地安门外大街，是我国唯一完整保存着元代"蜈蚣街"式胡同肌

理和"八亩院"式院落结构、规模最大、品级最高、资源最丰富的棋盘式传统民居区。

南锣鼓巷内名人故居、文化单位集聚，具有深厚的历史文化底蕴、丰富的历史文化旅游资源和宝贵的非物质文化遗产。此外，南锣鼓巷民间自发形成的民俗文化兴盛，传统手工艺、传统竞技、传统娱乐表演和其他民俗技艺或爱好在周边居民中相对普及，这些非物质文化遗存尤其体现了地方文脉与特色。

南锣鼓巷业态以餐饮与文创为主，其中，创意工艺品店铺是整个主街数量最多的店铺类型，其次是餐饮，最后分别为创意服饰、酒吧咖啡馆、茶庄、创意工作室、会所客栈、日用商店等。

南锣鼓巷区域文化氛围浓厚，周边分布有中央戏剧学院、北京美术家协会等艺术机构，和中国实验话剧院、实验剧场等场所。近年来，随着文化投资者和艺术爱好者的介入，文化创意产业已具有一定的产业规模和氛围，初步形成了以休闲旅游、文化艺术、创意设计、艺术品交易、游戏动漫等为主的文化创意产业。

2. 北京蓝色港湾

北京蓝色港湾位于朝阳区朝阳公园西北岸，由两条室外步行街，多条半室内步行街，中央广场和不同高差的小空间构成。其处于CBD、燕莎及丽都三大商圈重合交汇的核心位置，周边环绕着第三大使馆区和众多高档公寓、写字楼。

蓝色港湾是典型的结合Shopping Mall的商业模式与步行街环境要素的主题型开放式商业区。其以一条线形带状空间作为主轴，通过收放、开合形成了富有节奏韵律的多功能开放空间。

SOLANA蓝色港湾是一个多业态购物中心，由美瑞百货、SOLANA-MALL，亮马食街、活力城、品牌街、亮码头酒吧街等区域组成，业态涵盖零售、餐饮、酒吧、娱乐等。其中，休闲、零售业是蓝色港湾最主要的业态，其次为餐饮、酒吧、娱乐、酒店等。餐饮主体以主题特色餐饮、商务餐饮为主，以业态的组合吸引人流，带动购物。

　　蓝色港湾注重公共服务设施的建造与完善，商场内建设有数量充足、注重细节设计的休息设施，兼顾趣味性与安全性的无障碍设施以及人性化的停车场等公共服务设施。

　　3. 重庆解放碑

　　重庆解放碑步行街核心部分是以"人民解放纪念碑"为中心的大十字，含民权路、民族路和邹容路；此外，沿核心部分向周边辐射，共同构成了解放碑商业步行街，并连缀起大都会前庭广场、解放碑广场、女性购物广场、大世界等广场空间。

　　解放碑从发展之初即是商业和文化交织在一起，发展至今，已成为了商业商贸聚集地，也保持了城市文脉。其东南部分布有众多的历史文化资源，包括国家级文物，如湖广会馆、通远门、人民解放纪念碑等。解放碑步行街区域独特的历史文化资源与地理环境特征，体现了历史与现代的有机结合，彰显出重庆现代化都市包容、大气的魅力与品味。

　　解放碑步行街汇聚了现代化大都市中的几乎所有业态。临街以零售业与餐饮为主，其次为银行与娱乐业。

　　解放碑作为重庆中心的一处重要景观步行街，环境配套设施极具"人性化"，景观组织较为合理，营造了惬意繁华的整体氛围。

　　4. 广州天河路

　　天河路商圈位于广州市新中轴线上，是广州地铁线路站点最密集的地段。其是广州核心商圈，也是中国最具规模的高端商贸集聚区之一，有"华南第一黄金商业带"之美誉，集聚了首次进入广州 70% 以上的国际品牌。

　　以天河路为轴，路北依次为广州市购书中心、维多利亚广场、太古汇广场，路南有中怡时尚中心、天河城购物中心等一系列大型百货、购物中心业态。往东延伸，有广州电脑城、百脑汇广场、摩登百货等专业店专卖店业态，后街则是特色餐饮的板块，其相邻的体育路特色餐饮一条街完整地补全了整个天河路商圈所需的相关业态组合，保证了商圈的持续稳定繁荣。

此外，天河路商圈还承载着居住功能。居住区总体位于较外围区域，由最初的大片区填充式建设逐渐演变为缝隙式小地块建设，且部分居住区的底层居住功能逐渐演化为商业功能，居住区逐渐向多功能混合型社区发展。

5. 上海南京路

上海南京路是上海开埠后最早建立的一条商业街。它东起外滩、西迄延安西路，横跨静安、黄浦两区，全长 5.5 公里，以西藏中路为界分为东西两段。其中，南京东路一直以来被誉为中华商业第一街，素有"十里南京路，一个步行街"的称号，路旁遍布着各种上海老字号商店及商城。南京西路是全上海最奢华的时尚商业街区，以奢侈品和高端个性消费为主。

南京路商业布局结构由最初的线状结构转向区域商业的块状结构发展。以南京路步行街为轴心，对周边区域采取逐步开发，形成了"非"字布局结构。其商业建筑体现了近代上海所特有的一种海派风格。南京路步行街不允许车辆进入，但周边公共交通十分便利。

6. 成都宽窄巷子

成都宽窄巷子是由宽巷子、窄巷子和井巷子 3 条平行排列的老式街道及其之间的四合院落群组成的历史文化休闲街区。

宽窄巷子的空间形态与其形成历史有重要关系。其最初主要是清朝八旗军队及家属居住与日常生活娱乐的地方，因此建筑布局是按照八旗军的传统规定来设置的，具体以长顺街为中线，两旁共有官街 8 条，兵街 42 条，形成了宽窄巷子如今"鱼脊式"的北方胡同布局特色。

其中，宽巷子主要是以旅游休闲业态闻名；窄巷子主要是以"慢"闻名，代表了老成都的一种慢生活；井巷子是时尚、潮流汇聚之地，展现了成都的新面貌，以包容性和多元性而扬名。

从业态构成来看，宽窄巷子餐饮、零售、花车类商业种类最多，咖啡、酒店、酒吧次之。其中零售类以四川特产、熊猫文玩、蜀锦为主要销售对象；餐饮类以茶与四川特色小吃为主要销售对象。

宽窄巷子内外遍植树木，极为注重生态空间的营造。

4.1.2.3 案例启示

通过国内外知名街区、商圈案例分析发现，城市旅游休闲街区需要有丰富的业态类型，要有不断刺激和吸引人的活动，而且多数与城市中心其他亮点如文化设施、市民中心、金融中心、娱乐甚至居住设施紧密联系。总体上可以总结为以下几个方面。

旅游休闲街区并非单一的线形空间。街区通常不仅仅是单一的街道，而是增加了很多要素，比如几条街联网，街的两端配有广场等。街区可能是地上或地下步行商业街，也有可能是空中天桥步行系统，还有可能是综合利用地上、地面、地下的立体化空间区域。

旅游休闲街区业态丰富，餐饮、零售、商务、文创等服务功能齐全，属距居民或办公人员，即潜在的顾客相对集中近便的商业、休闲、文化业态集聚区域，能够满足当地居民购物、餐饮、休闲娱乐等基本生活需求。

旅游休闲街区具有深厚的文化积淀以吸引游客。本地城乡居民高频次的购物、休闲和社会交往，为街区注入了历史文化和生活元素。街区不再是单纯的地理空间，也是承载城市生命和市民记忆的人文空间。国际知名的商业街区都有着浓厚的历史情结，记录了曾经的繁华和时尚，孕育着本地化生活方式。商业街区与市民的家居空间共同构成了市民文化的养成空间，与邻近的商业街区共同构成了生活方式和礼仪规范的养成空间。

旅游休闲街区既可能是城市更新过程中对历史形成的传统商业街区、历史文化街区进行现代化改造形成的，如北京南锣鼓巷与前门大街、成都宽窄巷子、上海南京路等，也可能是在城市更新改造大背景下新开发建设的各类商业、休闲设施，而且后者在我们现有旅游休闲商圈中占据很大比重，如北京蓝色港湾、三里屯太古里等。

旅游休闲街区可以是全步行街，也可以是半步行街，还可以是公交通行的步行街。全步行街即人车完全分离，在保证紧急消防、急救车辆通行外，禁止其他车辆进入；半步行街，如以时段管制汽车的进入，一般是既

车行便利又有舒适优美人行道的商业街；而公交通行的步行街是只允许公
共交通形式，限制其他机动车辆通行的街区。

旅游休闲街区是承载社会文化活动的重要场所。案例显示，诸多社会
文化活动，如艺术展览、音乐会、游行、庆典等形式多样的活动在街区举
行，人们可以在轻松的环境气氛中享受人与人之间交往的乐趣。城市旅游
休闲街区加强了人们的地域认同感，是城市的社会文化活动中心，也是城
市的象征。

旅游休闲街区建设注重人性化的环境营造。大多数旅游休闲街区建设
重视人和环境的关系，设置了诸多如绿地、彩色路面、街头雕塑、座椅
等设施，增添了街区亲切宜人的氛围；同时注重在环境中突出传统和文
化元素，即根据各地地理和气候的具体条件来确定休闲街区的形态，人
们在休闲、购物的同时，也愿意在这里休憩和相互交往，享受优美的环
境氛围。

可见无论是哪一种旅游休闲街区，共同的成功要素包括以下几点：合
理的商业业态、高质量的街道景观、安全的环境、吸引人的社会活动、有
居住区或中央商务区强大的顾客群支持、完善的动静交通系统、丰富的城
市文化和生活氛围等。

4.2　多维视角下的旅游休闲街区解构

4.2.1 空间维度：不围于特定形态的地标空间*

自城市诞生的那天起，街区一直都是重要的公共空间和社会活动区
域。在古代欧洲，中心广场和主要街道构成了城市形态的骨架。从古希腊
的广场（agora），古罗马的公共集会场所（forum），到中世纪的露天广场
（plaza），城市广场不仅是人民祭祀神灵、举行集会、欢庆节日的场所，也

---

* 戴斌，李雪．旅游休闲街区：繁荣的商业和共享的生活［R］．旅游内参，2021－02－05．

是批发、零售、交易服务等商业活动聚集地。随着欧洲对地标性空间的宗教、权威和纪念功能的强化，广场的商业机能开始退化，广场周边的居民区和公共空间开始承接外溢的商业功能，形成了早期的商业街。中国古代街区的商业功能和繁华象征也是极其明显的，《礼记·礼运》有言，"礼行於社，而百货可极焉"；《管子·乘马》强调，"市者，货之准也，是故百货贱，则百利不得"。宋代名画《清明上河图》所描绘的就是典型的商业场景，千载以下仍然能够感受到难以抗拒的人间烟火。

与想象中刻板的"一条街道，两边商铺"线性布局的街区不同，无论是建成于 1923 年的世界上第一个现代商业街美国乡村俱乐部广场，还是英国的考文垂步行商业街区、法国的香榭丽舍大街，都是通过城市广场将商业街与城市文化中心联系起来，呈现出以广场为中心的放射状空间格局。1852 年，法国商人亚里斯泰德·布西科（Aristide Boucicaut）在巴黎市中心建造了第一家百货商店，开启了商业空间由平面到立体的转型。随着城市土地和交通等条件的限制日益明显，城市开始建设地下步行商业街区。例如，美国的"地下亚特兰大"和加拿大蒙特利尔地下城等。更多的街区，如巴黎的香榭丽舍、纽约的第五大道、东京的银座等世界知名的商业街区都是立体的、开放的，更没有多少米长度、多少个出口的规划限制。这些街区不仅聚集了大量的人流、物流和信息流，在商业上取得巨大的成功，还形成了世界旅游城市亮丽的风景，每年吸引世界各地的游客前来购物、餐饮、观光和休闲。

中国古代城市的空间布局起初沿袭的是《周礼·考工记》所载的古典"市"制。北宋仁宗时期，商品经济的繁荣冲破了"前朝后市"的桎梏，临街设店、行业街市和庙会集市等多种形态的商业空间得以充分发展。随着消费需求的增长和商业经济的繁荣，传统线形街道开始向"非"字形、"申"字形、"国"字形等空间组合形态转变，实现街区化发展。随着建筑工程和技术手段的进步，向上要空间的商超综合体开始走向立体化，如北京的王府井、三里屯、蓝色港湾，天津的五大道，上海的南京路，成都的春熙路，重庆的解放碑、洪崖洞，广州的天河路，在空间布局上也越来越趋于立体化和开放性。

纵观国内外街区的发展历史与实践经验，无论是狭长的线形空间、圆形的放射状区域、"申"字形和"国"字形的异构空间组合，还是综合利用地上、地面、地下的立体化空间区域，都有可能成为世界知名的商业街区，并吸引本地市民和外来游客的频繁到访。从全球范围来看，空间是封闭的，还是开放的；布局是线性的，中心放射状的，还是立体的，从来都不是知名街区的必要条件。只要承载了市民对美好生活的向往，聚集了商业、时尚和繁华，能够满足本地市民和外来游客共融共享的需要，就具备了旅游休闲街区的现实基础和发展为城市名片的潜质。

4.2.2 功能维度：主客共享的美好生活新空间

在城市不断的更新改造过程中，旅游休闲街区已成为一座城市的名片与象征，承载着商业、旅游、文化休闲等功能，直接反映城市的经济活力与文化环境氛围。

4.2.2.1 旅游休闲街区是繁荣城市经济的商业载体

无论是传统历史文化街区，还是新建的现代商圈、文化创意街区，都离不开"商业"二字，商业开发与经营的成功与否直接关系着街区的存亡。因此，各类休闲街区最为倚重的就是商业氛围的营造与商机的把握，即通过优越的地理位置、完善的软硬件等来吸引商家，尤其是知名品牌的进驻；通过营造舒适、时尚、具有文化特色的购物、娱乐、休闲环境来聚集人气，实现商业利益的增加。一个成功的休闲街区一定承载了数量庞大的商贸活动，在城市或区域第三产业发展中占有较大比重，是繁荣经济的载体。休闲街区不仅能够创造巨大的商业价值，而且还能通过拉动所在区域的人气与土地价值，进而辐射周边地块的发展。

4.2.2.2 旅游休闲街区是传承历史与地域文化的载体

休闲街区作为城市生活的亮点，浓缩了城市的历史与文化，记录着城市的繁华和时尚，代表了民族的传统和个性。如美国纽约的第五大道，除了是购物的天堂，是世界上首屈一指的商业街区外，还吸引了众多纽约的作家、画家、演员、艺术家住在这里，而且这里也是剧院和博物馆、艺术馆雅集之处，是一种文化云集和张扬之处。从凯旋门一直延伸到协和广场的香榭丽舍大街，是整个法国艺术的精华所在，是巴黎的象征和标志。莫斯科的阿尔巴特大街历史悠久，目前是著名的商业步行街之一，街头艺术家成为吸引行人的重要亮点。

商业与文化的有机结合是现代所有成功的城市休闲街区的重要特点。城市旅游休闲街区是保护城市古建筑遗产、保护传统城市空间景观特征的重要途径，其建设意义不仅在于商业街区、商业中心本身，更大程度上是在改善城市环境、保护城市历史文化风貌特色以及提高城市中心商业活力的总体架构下的合理选择。

4.2.2.3 旅游休闲街区是城市生活的重要载体

街区是城市生活的基本单元，为居住在城市的人们提供公共交往空间。旅游休闲街区能够给所有人提供热闹、繁华、轻松、悠闲、激动、怀旧等不同的生活感受。人们在这里不仅能够购物，而且在休闲、观光、娱乐、餐饮、美容、健身等方面也可以得到充分地满足。此外，旅游休闲街区的发展不仅获得了商业的繁荣，而且能够很好地促进当地旅游业的发展，形成商旅互动、商旅共赢的良好局面。

4.2.3 形象维度：有温度可感知的人文空间

4.2.3.1 基于游客视角的街区形象感知要素

本章选取北京南锣鼓巷、三里屯、蓝色港湾商圈，成都宽窄巷子，上海南京路，广州天河路，重庆解放碑，武汉江汉路，西安回民街，哈尔滨中央大街 10 个知名街区、商圈为案例，以各街区关键词在马蜂窝旅游网站上搜索相关游记作为数据样本，借助文本分析和扎根理论方法，总结、分析各街区访客的关注点及其对旅游休闲街区的形象感知要素。

游客对于不同街区的关注点，即有共同之处，又因街区特色不同而有所差异（见图 4-1）。如南锣鼓巷游记分析表明，胡同、王府、故居、小吃、历史、建筑等是游客较为关注的；宽窄巷子游记分析结果显示，文化、特色、街道、历史、院落、火锅等是游客的主要认知元素；北京蓝色港湾分析显示，灯光、夜景、美食、餐厅、品牌等是吸引力所在；北京三里屯则以酒吧、餐厅、品牌、时尚等元素为著；上海南京路所呈现的百货、老字号商店、月饼、历史等元素是游客印象最为深刻的；武汉江汉路的建筑、风格、银行、商业、历史等是游客较为喜欢的；广州天河路的广场、时尚、美食等是吸引游客前往的重要元素；哈尔滨中央大街的建筑、马迭尔冰棍、艺术、教堂等是游客较为关注的；西安回民街，美食、小吃、牛羊肉、鼓楼、历史等是驱动游客心向往之的重要元素；重庆解放碑的酒店、纪念碑、火锅、夜景则是其为游客耳熟能详的重要基因。

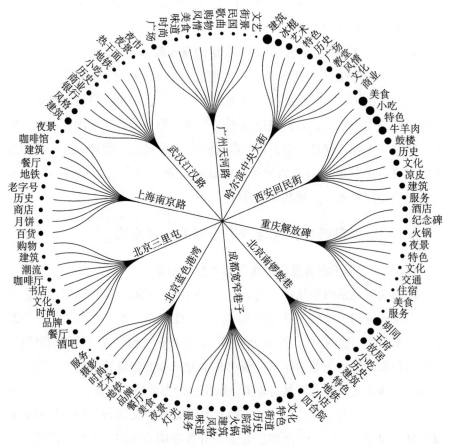

图 4-1　游客十大关注点

根据访客对每个街区的关注点及其对应文本内容（见表 4-1），将游客视角下最能反映旅游休闲街区形象的要素归纳为：文化、美食、建筑、历史、交通、购物、娱乐、住宿、环境、服务 10 个方面（见表 4-2）。

表 4 - 1　　　　　　　　　　　**关注点及对应文本内容示例**

关注点	文本案例	感知要素
冰棍	哈尔滨中央大街：这个冬天，和我们一起去哈尔滨，逛最美的中央大街、吃最正宗的马迭尔老冰棍	美食、文化
火锅	重庆解放碑：这家火锅店是我去过最特别的一家店，名字也非常特别"巴九门火锅博物馆"	美食、文化
热干面	武汉江汉路：吃臭豆腐和热干面的老店，据传都有几百年历史	美食、文化
牛羊肉	西安回民街：民以食为天，提起回民街，就不能不说说它的美食了。牛羊肉泡馍、红柳烤肉、灌汤包、水盆羊肉、肉丸胡辣汤、小酥肉等	美食
小吃	南锣鼓巷：南锣鼓巷最不缺的就是小吃，这太满足我们吃货的愿望了	美食
	武汉江汉路：来江汉路步行街，最好晚上来，因为景色不错，小吃也非常多呦	美食
	西安回民街：这里的特色美食小吃遍地，数不胜数。从街头到街尾，各种小吃琳琅满目，像肉夹馍，羊肉泡馍，凉皮，饺子宴，蘸蘸面等食品，是很多人耳熟能详的西安名吃	美食
特色	南锣鼓巷：白天南锣古巷是美食街，主街上，北京特色的文宇奶酪、全聚德烤鸭、稻香村糕点、京红炸糕、北京水爆肚都可以找到	美食
	南锣鼓巷：想了想还是胡同比较有特色	建筑
	哈尔滨中央大街：漫步在百年老街上看看俄式建筑，但欧陆异域风情不仅体现在建筑风格上，在生活习俗与情调的感染上，也留下了很多异域风情特色	建筑、文化、历史
	西安回民街：回民街本身不长，但与其交叉的小巷子共同组成了回民街的特色风情	建筑
	重庆解放碑：码头文化是其特色。解放碑地区作为最早最便利的码头集散地，这里历史人文景点最集中	文化、历史、建筑
百货	上海南京路：南京路上的商场是真的很多，没必要都逛，最推荐的就是"新世界大丸百货"	购物
夜景	北京蓝色港湾：作为一个常年混迹帝都的人来说，真心感觉平时的蓝色港湾夜景也是超美的	环境
	重庆解放碑：其实夜景更好看，晚上的时候加上灯光的渲染，就像是夜城一样美极了	环境

续表

关注点	文本案例	感知要素
夜景	武汉江汉路：武汉的潮男潮女们一到晚上，就会向江汉路聚集，逛街，吃小吃，聚会，或是在江滩欣赏美丽的武汉夜景	环境
	上海南京路：白天不错，不过夜景也美，一线城市的建设水平彰显得淋漓尽致	环境
时尚	北京三里屯：虽然时尚、潮流、奢侈品、购物……这些词汇基本与我绝缘，但我还是想看看太古里到底是什么样子，或者说，看看我自己到底有多土	环境
	广州天河路：周日随孩子们去逛时尚天河，顿时感觉自己"穿越"了时光，就好像到了一个民国风情的街——"夜上海"街景，以及旧时岭南风情"寻马街"	环境
四合院	成都宽窄巷子：四合院的沉静与书香相互浸润，让人难以拒绝	建筑、历史、文化
	北京南锣鼓巷：和很多人一样，来到北京，让我们感兴趣的往往不是那些鳞次栉比的高楼大厦、宽阔笔直的柏油马路，而是那曲折幽深的小小胡同、古雅温馨的四合院。这条古巷中的小胡同使其既保留了老北京四合院的神韵，又融入了江南民居元素，而且非常适合现代人居住	建筑、文化
地铁	北京南锣鼓巷：乘坐地铁是最方便的，南锣鼓巷在地铁6号线，现在是8号线的始发或者最后一站	交通
酒吧	北京三里屯：说起三里屯，人们的第一反应就是酒吧；这次来北京学习，报到结束后就迫不及待地跑来三里屯了	娱乐
摄影	北京蓝色港湾：这里是摄影爱好者聚集地，也是摄影人像写真的好地方，欧式的感觉很美	娱乐
灯光	北京蓝色港湾：还记得三年前的平安夜去蓝色港湾，夜色璀璨绚丽，上亿彩灯、万串灯链组成十多万平方米的灯光乐园，走在满天星星般的灯光瀑布下，会让你有一种犹如蓝调梦境般的感觉	环境
品牌	北京三里屯：来到三里屯太古里，就准备随时开启一场富有艺术气息的购物之旅。太古里就是一堆奢侈品牌聚集地，贵＆有货是它的特色	购物
	北京蓝色港湾：这里拥有精雕细琢的水景、花团锦簇的空中花园以及由300多棵树木构成SOLANA品牌森林，是都市水泥森林中的一处稀有风景	购物

续表

关注点	文本案例	感知要素
商业	武汉江汉路：走在热闹的江汉路步行街，不仅领略了世界优美的建筑艺术，也充分体验了这里的商业氛围	购物
商场	哈尔滨中央大街：沿着中央大街大门向里走，两旁都是商场和小店。如红肠、马迭尔雪糕、俄罗斯大列巴面包、巧克力、比纳小吃、糖葫芦、俄式面包、套娃等，商品琳琅满目。还有多家西餐厅，又有大型商场	购物
胡同	北京南锣鼓巷：每座城市，都有一条能代表自身城市文化的特色商业街（区）。对于北京来说，就是能代表胡同文化的南锣鼓巷了	建筑、文化、历史
老字号	上海南京路：人们感受着这里历史文化的氛围，从一个个老字号店铺里透出一个个历史的影像，上海的新旧对比这里是最有说服力的	购物、历史、文化
交通	重庆解放碑：重庆很大，可以落脚的地方很多，但每每我总是钟情于解放碑。因为这里最有历史感，景点集中，交通便利，住宿方便，烟火味最浓，当然这里也最养眼	交通
酒店	重庆解放碑：我所住的酒店安装了一些智能家居设备，当我开门时，音箱会自动启动，窗帘也会自动打开，重庆酒店的紧俏出乎意外	住宿
教堂	哈尔滨中央大街：晚上我先来到了索菲亚大教堂，很漂亮！路上我看到有卖糖葫芦的，这里真的是万物皆可"冰糖葫芦"	建筑
服务	成都宽窄巷子：服务好好，难怪人气这么高！进门的老成都糕点很赞，试吃、价格也 ok，而且服务很好，人也超级多	服务
	重庆解放碑：服务很好（特别是那个戴眼镜的妹妹，特别的热情，还给介绍火锅锅底的缘由）；川耳匠非遗采耳体验馆，服务人员态度热情，技师手法很专业	服务
文化	成都宽窄巷子：将北方胡同文化与川西四合院文化有机结合，最终成为老成都生活样态的活化区	文化
	北京三里屯：除众多品牌旗舰店之外，这里还有许多富有创意的前沿设计师门店，以及文化艺术盛事不断的橙色大厅和红馆	文化
	哈尔滨中央大街：哈尔滨中央大街步行街的地位好比北京的王府井大街、上海的南京路、天津的和平路，但相比之下承载了更多的文化内涵、历史积淀以及冰城风情	文化

续表

关注点	文本案例	感知要素
文化	西安回民街：它以浓郁的穆斯林文化和氛围，为古城构筑了一道特异的风景线；西安回民街是西安著名的美食文化街区，呈现出多元化的文化氛围，具有独特的历史与文化价值	文化
	重庆解放碑：解放碑记录着重庆的历史与文化，支撑着重庆过去和未来，如今的解放碑已是中央商务区的代名词，是重庆核心的城市名片，是重庆十大文化符号之一	历史、文化
艺术	北京蓝色港湾：无论是从艺术装置水平还是科技创新程度，蓝色港湾灯光节都已成为可以与澳大利亚悉尼灯光节、法国里昂灯光节和荷兰阿姆斯特丹灯光节等国际知名艺术节齐名的艺术盛典	文化
建筑	成都宽窄巷子：宽窄巷子是老成都"千年少城"城市格局和百年原真建筑格局的最后遗存，也是北方胡同文化和建筑风格在南方的"孤本"	文化、建筑、历史
	北京南锣鼓巷：和很多人一样，来到北京，让我们感兴趣的往往不是那些鳞次栉比的高楼大厦、宽阔笔直的柏油马路，而是那曲折幽深的小小胡同、古雅温馨的四合院。这才是北京传统住宅建筑的名片，也是最具民俗风情的文化符号	建筑、文化、历史
	上海南京路：夜晚的南京路在各种霓虹灯的映衬下，各具特色的建筑更显得美轮美奂，热闹非凡。夜幕降临，华灯溢彩，霓虹闪烁中各类建筑越发地美丽迷人	建筑、文化、历史
	武汉江汉路：在商业氛围弥漫的步行街上保留着这样的历史性建筑，难能可贵，属于首次来江汉路必打卡的地方了。我完全被街道两旁一座座高大气派的欧式建筑震撼了，这些密集的商业建筑保留得非常完好	建筑、文化、历史
	哈尔滨中央大街：中央大街是一座开放式的欧式建筑博物馆，座座建筑风格各异，座座建筑充斥着异国情调。桌椅、餐车、座位牌号……中东铁路的历史、俄式建筑又跃然墙面	建筑、文化、历史
	西安回民街：因这里的清真大寺建筑宏伟、牌楼斗角精美绝伦	建筑、文化、历史
风情	哈尔滨中央大街：大街和两边的小街上增加几尊雕塑，也是异国风格的。整条大街变得更漂亮了，充满了浓浓的俄罗斯风情，这条街随处可见俄罗斯的风情融合在里面，建筑、商铺、美食和纪念品等不一而足	文化
	广州天河路：走出民国风情"夜上海"街区，便是岭南风情"寻马街"了。寻马街，是依照岭南风情打造的，有一种返古的情韵	文化

表 4－2　　　　　游客视角下旅游休闲街区形象感知要素

街区	关注点	感知要素	街区	关注点	感知要素
上海南京路	百货	购物	重庆解放碑	交通	交通
	月饼	美食		文化	文化
	商店	购物		特色	文化
	历史	历史			美食
	老字号	文化		夜景	环境
		美食		火锅	文化
		历史			美食
	地铁	交通		纪念碑	建筑
	餐厅	美食			文化
	建筑	建筑			历史
		历史		酒店	住宿
		文化	北京南锣鼓巷	四合院	建筑
	咖啡馆	娱乐			文化
	夜景	环境			历史
武汉江汉路	建筑	建筑		小店	文化
		文化			美食
		历史		地铁	交通
	风格	建筑		特色	文化
		文化			美食
		历史			建筑
	银行	建筑		建筑	建筑
		文化			文化
		历史			历史
	商业	购物		历史	历史
		文化		故居	历史
	历史	历史			建筑
	小吃	美食			文化
		文化		王府	历史
	地铁	交通			建筑
	热干面	文化			文化
		美食		胡同	历史
	夜景	环境			建筑
	夜市	购物			文化

续表

街区	关注点	感知要素	街区	关注点	感知要素
广州天河路	广场	环境	西安回民街	建筑	文化
	时尚	文化			历史
		环境		服务	服务
	味道	美食	成都空窄巷子	味道	文化
	美食	美食			美食
	风情	文化		风格	历史
	购物	购物			文化
	歌曲	娱乐			建筑
	民国	历史		建筑	文化
	街景	历史			历史
	文艺	文化			建筑
哈尔滨中央大街	建筑	建筑		火锅	文化
		文化			美食
		历史		院落	文化
	冰棍	美食			历史
	特色	建筑			建筑
		文化		历史	历史
		美食		街道	建筑
	历史	历史		特色	文化
	广场	环境			建筑
	教堂	建筑			美食
		文化		文化	文化
	风情	文化	北京蓝色港湾	服务	服务
	文化	文化		摄影	娱乐
	商业	购物		时尚	文化
西安回民街	美食	美食			环境
	小吃	美食		艺术	文化
	特色	建筑		地铁	交通
		文化		品牌	购物
		美食		餐厅	美食
	牛羊肉	美食		美食	美食
	鼓楼	历史		夜景	环境
		建筑		灯光	环境
	历史	历史	北京三里屯	购物	购物
	文化	文化		建筑	文化
	凉皮	美食			建筑
	服务	服务		潮流	文化
	建筑	建筑		咖啡厅	娱乐

续表

街区	关注点	感知要素	街区	关注点	感知要素
北京三里屯	书店	文化	北京三里屯	品牌	美食
	文化	文化			购物
	时尚	文化		餐厅	美食
		环境			

　　由表4-2可以看出，文化、美食、历史、建筑是游客对旅游休闲街区感知度最强的要素，尤其是文化与美食，在10个街区游记中均有体现，而历史是除北京蓝色港湾、三里屯以外，其余8个街区游记都反映出来的感知要素。环境、购物、娱乐、服务、交通、住宿也是游客对旅游休闲街区的重要感知要素。其中，北京蓝色港湾、三里屯，上海南京路，武汉江汉路，广州天河路，哈尔滨中央大街、重庆解放碑等街区游记均不同程度的记录了游客对街区环境的形象感知；成都宽窄巷子、北京蓝色港湾、西安回民街、重庆解放碑等街区游记均充分显示了服务态度、水平对游客感知的重要影响；购物环境、品类、质量，娱乐项目丰富度，交通便利程度、住宿水平等要素是街区满足游客基本旅游、休闲需求的基础性要素。从对应的文本内容来看，这些要素无一不承载着历史的记忆、厚重的文化与城市的温度，吸引着人们去感受和探寻。

4.2.3.2　基于社区居民、企业与政府部门视角的总结

　　对北京南锣鼓巷等街区当地居民、企业与政府部门进行了访谈，总结得出不同主体对旅游休闲街区的认知。

　　从居民视角来看，旅游休闲街区应发挥亲民、近民、便民、富民的作用。居民希望旅游休闲街区建设能够改善街区绿化、景观等周边环境，增加休闲及生活服务设施，提高街区及社区周边交通便利性，能够给社区居民生活带来便利；居民希望能够获取一定的就业机会，积极参与街区创建以及街区日常工作；居民希望能够参与街区的一些文化节庆活动，增强街区与社区居民的交流与良好互动。

　　从企业视角来看，旅游休闲街区应具备优越的营商环境，应靠近居民居住区、商务中心或金融中心，具有巨大的访客市场群体，应具备丰富的多元经营业态，以满足不同消费群体的消费、社交、娱乐等服务需求。

　　从政府视角出发，旅游休闲街区应能够发挥至少以下四个方面作用，

即代表城市品牌与城市印象、带动区域经济发展、承载城市多元文化以及推动和谐社区构建等。

4.2.4 基于多维视角的旅游休闲街区

通过空间、功能、形象等多维视角解构旅游休闲街区应具备的基本元素与特征（见图4-2）。

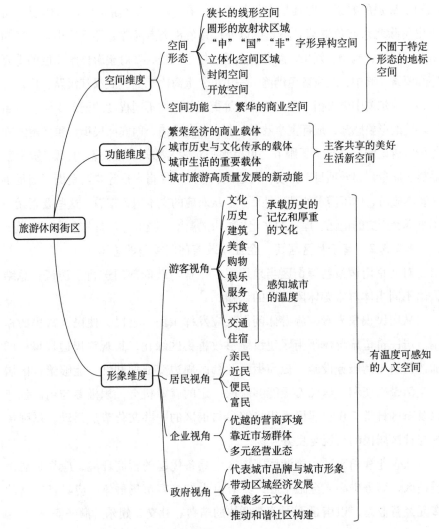

图4-2 基于多维视角的旅游休闲街区解构

4.3　街区访客休闲行为特征

本章进一步以北京南锣鼓巷、蓝色港湾、三里屯以及成都宽窄巷子 4 个典型的休闲街区为案例地开展问卷调查。具体将宽窄巷子与南锣鼓巷划分为历史文化街区，蓝色港湾与三里屯界定为商业街区，从微观层面分析访客休闲行为特征与满意度情况。

4.3.1　不同属性访客的选择偏好

不同性别访客对 4 个街区的偏好差异不大，其中男性更喜欢蓝色港湾，而女性则偏好三里屯商业街区。

中青年群体是休闲街区访客的构成主体，30～44 岁访客最喜欢在三里屯游玩。年龄越大的访客越愿意去宽窄巷子体会老成都的慢生活。

休闲街区访客的整体学历较高，专科与本科学历群体是游览主体。专科以上访客占 70% 左右。如图 4-3 所示。

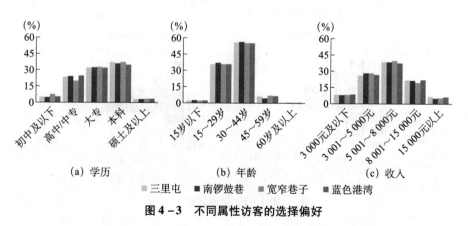

图 4-3　不同属性访客的选择偏好

4.3.2　街区访客休闲行为特征

信息渠道：微信、QQ 等网络社交平台与抖音、快手、小红书等短视频平台是访客了解休闲街区的主要渠道（见图 4-4）。

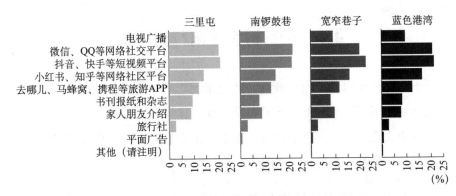

图 4 – 4　信息获取渠道

交通方式：人们通常喜欢采取自驾与公交等交通方式前往距居住地2~3 公里处的休闲街区（见图 4 –5）。

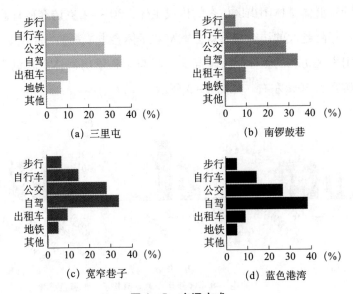

图 4 – 5　交通方式

出游动机：历史文化街区的访客主要是出于欣赏街区独特建筑与放松心情的目的而出游；商业街区的访客主要是出于感受街区独特氛围的目的而出游（见图 4 –6）。

停留时间：休闲街区是一种中短时长休闲活动场所，访客一般会在街区游玩 2~4 小时（见图 4-7）。

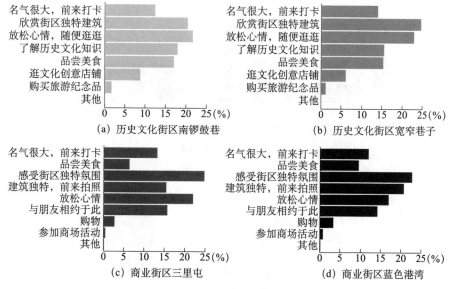

图 4-6　出游动机

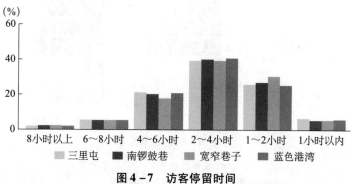

图 4-7　访客停留时间

消费水平：访客在街区的消费水平中等，多数平均花费 101~300 元（见图 4-8）。

花费分布：历史文化街区访客主要花费在购买文化创意产品，商业街区访客主要花费在咖啡馆与酒吧等休闲活动场所（见图 4-9）。

文创产品关注点：产品质量是访客购买文化创意产品的首要关注点，而价格过高是购买旅游纪念品的第一制约条件（见图 4-10、图 4-11）。

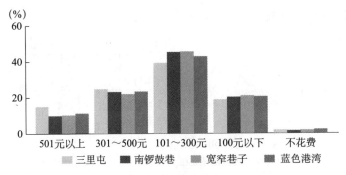

图4-8　访客消费水平

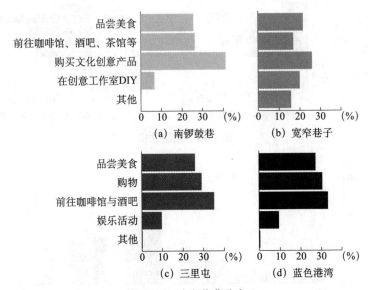

图4-9　访客花费分布

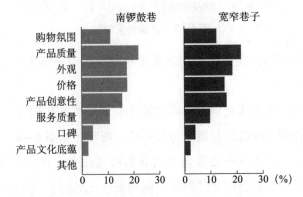

图4-10　访客购买文化创意产品关注点

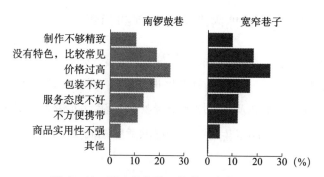

图 4 - 11 影响访客购买旅游纪念品的因素

消费关注点：休闲街区内访客进行餐饮消费的关注点依次为价格、环境与卫生；商业街区访客进行购物消费时，最关注的要素分别为商品质量、价格与服务质量（见图 4 - 12、图 4 - 13）。

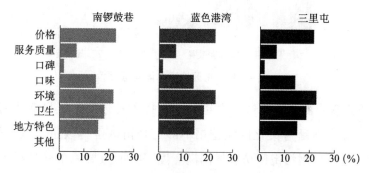

图 4 - 12 餐饮消费关注点

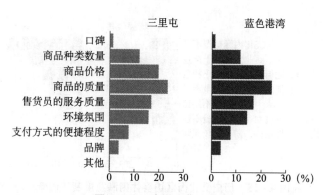

图 4 - 13 购物消费关注点

4.3.3 街区访客休闲满意度与制约因素

总体上，街区访客满意度普遍较高，满意及以上占比达90%；重游意愿与推荐意愿也较高，非常愿意的比例均超过50%（见图4-14）。具体来看，访客对街区景观及基础服务引导标识的满意度最高，对停车便利程度、文创产品以及商圈卫生与噪声情况满意度较低。

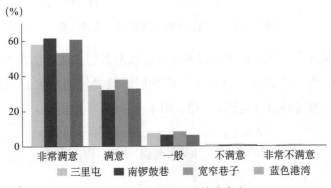

图4-14 街区访客总体满意度

调查发现，商业气息过于严重与缺乏特色是休闲街区目前普遍存在的问题，绿化不足与文化内涵挖掘不够也是街区亟待改进之处。另外，商圈物价过高是制约街区访客休闲满意度提升的重要因素（见图4-15、图4-16）。

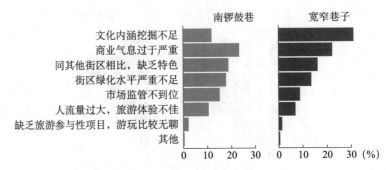

图4-15 历史文化街区访客休闲满意度制约因素

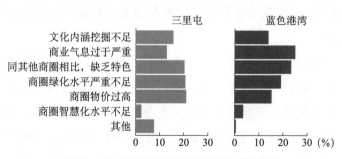

图4-16　商业街区休闲满意度制约因素

4.4　以需求牵引的旅游休闲街区建设方向

4.4.1　受传统规划理念束缚，旅游休闲街区建设面临不少现实问题

4.4.1.1　"重建设轻内涵"的定式思维，抑制了街区在引领城市旅游休闲发展中的潜力释放

多年的快速城市化进程，扩展硬件物理空间是城市发展的主要特征。尽管有些城市在建设中开始注重人文关怀和人居环境营造，但总体上急功近利、千城一面的问题仍然较为突出。同样，旅游休闲街区在发展过程中，不少地区大拆大建，重建筑、道路等硬件设施建设，忽略生活性、服务性等配套设施和公共服务的提升；有些地区过分重功能主题、轻文化内涵，忽略了街区的非物质属性。这些现象破坏了街区原有的生命肌理和吸引力，隐没了街区的文化维度，割裂了人与街区之间的情感，致使街区在保护城市历史空间、传承城市记忆、提升城市品质等方面的潜力无法释放。休闲街区只有依托城市独有的文化，才能传承市的生命印记，才能让游客和市民体验到鲜明的地域文化特色。打造具有人文化气息和人情味生活的旅游休闲街区，城市发展才会避免文化迷失现象。

4.4.1.2 "重供给轻需求"的发展理念，限制了旅游休闲街区服务效能的发挥

如何在因地制宜、统筹谋划的基础上，通过对多元化资本的吸收和能量释放，深入挖掘核心特色文化资源，打造和提供适应国民休闲消费需求的核心产品与服务，是旅游休闲街区建设需要迈出的第一步。在实际发展过程中，不少地区将旅游休闲街区建设作为政绩工程，盲目跟风、追求形式，仅围绕休闲街区建设标准限定的指标做表面文章，而不是基于游客与市民视角进行规划与建设，导致旅游休闲设施的利用率不高。也有部分地区过多强调空间布局，缺少能够让国民大众真正融入其中的参与性、娱乐性和体验性产品与项目，忽视了当代人追求美好生活的基本诉求，背离了旅游休闲街区建设的初衷，限制了街区服务效能的发挥。

4.4.2 旅游休闲街区建设路径探析

4.4.2.1 明确旅游休闲街区发展路径

国家层面要制定旅游休闲街区建设发展的路线图。根据文化特色、业态布局、环境氛围、公共服务、配套设施等条件，遴选一批旅游休闲街区进行实践探索，总结发展规律与经验，形成旅游休闲街区发展的样板。地方政府应在客观把握街区综合发展条件的基础上，对标样板区域、借鉴成功经验，因地制宜制定街区发展规划，明确发展方向、发展模式和行动路线，探索适合街区实际的创新发展之路。在街区建设过程中，应加强与国家宏观政策的对接，积极向不同部门申请财政、金融等方面的政策支持，为街区建设、运营创造良好发展环境。

4.4.2.2 政府理性引导，多元社会主体广泛参与

以旅游消费增量为导引，增强地方建设旅游休闲街区的积极性和能动性。政府旅游行政主管部门要主动对接商务主管部门，把旅游市场和商业资源有效连接起来，吸引社会力量广泛参与，务实推动街区建设。要在理论建设和国际比较的基础上，做好旅游休闲街区的中长期规划、行业标准的完善与执行、空间优化和业态布局等宏观调控与行政引导工作。在培育

和建设过程中，营商环境和产业生态至关重要。引导和培育多元化的旅游市场主体，调动投资、商业、科技等社会力量，兼顾社区发展诉求，推进旅游休闲街区发展。在政府的理性引导下，实现政府、开发商和居民等主要利益相关主体的合力最大化，推进旅游休闲街区的繁荣发展。

4.4.2.3　引入公众视角，健全街区评定与验收机制

旅游休闲街区不是一个单纯的物质聚合体，而是一个以人为中心的社会有机体。其创建、评定和监管，要引入公众视角，充分发挥市场主体和消费群体的作用，鼓励企业、游客、市民参与评价，以游客和市民满意度作为重要依据有序推进。同时，健全验收机制，优化验收专家库结构，不能过度依赖政府和学界专家，大幅度提升业界一线专家和旅游、文化、商务等领域一线专家的比例。

4.4.2.4　尊重地方的创造性，发挥企业的积极性

打造旅游休闲街区不是大拆大建，也不是推翻原有建筑、修旧如新或简单的修旧如旧，而是要在遵循社会经济发展规律和内在逻辑的基础上，与人民生活相结合，构建传统空间形式与现代商业模式相适应、新老建筑交融并存的组织形态，以实现街区的传承与发展。

旅游休闲街区建设，宜采取"自下而上"和上下结合的决策路径，以政府补贴和公众参与的方式，鼓励居民保护传统文化遗存、改善人居环境。提升居民在街区规划、开发、建设决策、管理与运营中的话语权，实现居民由被动、消极的实施角色向主动、积极地参与角色转变，使街区更新成为居民的自愿行动。只有切实提高群众参与度、增强民心归属感，才能建成有温度可感知、让游客与市民充满幸福感的旅游休闲街区。

4.4.3　推进旅游休闲街区建设的工作建议

4.4.3.1　建立市、区、街三级联建联管机制，多方联动推进街区建设

市级针对旅游休闲街区成立领导小组，对全市街区总体规划、特色定位、业态布局等进行综合协调、指导和政策研究；由街区所属管辖的区人民政府组建街区管委会，协调各有关乡（镇）人民政府、街道办事处，做

好街区的日常监督管理工作，通过市、区、街三级联建联管机制推动街区建设有序开展。其中，市旅游休闲街区规划建设领导小组及其办公室在规划布局、街区定位、功能配备、政策制定、监督考核等方面发挥主导作用；各区、县（市）在街区业态调整、特色定位、街区建设、日常监督等方面发挥属地管理作用；各街区管委会切实负担街区日常街容街貌、卫生保洁、绿化维护、街面秩序、交通安全、公共设施、商业经营等监督管理责任。此外，街区管委会应加强对经营企业的培训，通过加强职业道德、文明礼仪、诚信经营等方面的教育培训，提升旅游休闲街区软实力。

4.4.3.2　旅游休闲街区建设要以具有前瞻性的中长期发展规划为指导

市一级制定统一的旅游休闲街区发展总体规划，统筹全市休闲街区建设工作，形成布局合理的街区体系。街区层面，应综合考虑自身特色、发展现状、不足之处等因素，就街区主题定位、业态布局、店铺风格、道路标志、街景美化、景观设置等方面编制详尽的切合实际的规划，指导街区健康有序发展。

4.4.3.3　旅游休闲街区建设要注重文化内涵的挖掘

旅游休闲街区要挖掘传统文化，彰显本地文化自信并形成可视可触可感的生活环境与街区氛围。特色文化的挖掘不只是简单地把文物展陈给游客看，把非遗作品销售给游客，也不是简单地把游客带进文化空间这么表象。文化是无时不在、无处不在的，它广泛融入街区发展的各个空间、各个环节和建筑小品，与高素质的员工和市场共同构成了可以分享的文明，可以触摸的温暖。在旅游休闲街区建设过程中，应从街区现有资源出发，立足街区发展定位，充分把握街区最凸显的特色，通过街区整体文化与气质的提升，实现街区商贸、旅游、文化有机结合，达到多元文化互生共存的和谐局面。

旅游休闲街区要有意识形成本地可以识别的商业文化，形成市民愿意消费的商业氛围。旅游休闲街区可以指向历史文化街区，更可以指向未来，包括现代化都市的时尚商圈。因此，无论是传统的综合性商业街区、历史文化街区，还是全新打造的特色主题街区、文化创意街区，只要同时承载经济社会发展和传承历史、繁荣文化功能，都可能发展成为国家级旅游休闲街区。

4.4.3.4　旅游休闲街区建设要重点构建多元融合的产品供给体系

鼓励地方政府细致梳理街区文化与历史发展脉络，挖掘、提炼街区文化的独特价值，夯实文化引领街区发展的内在支撑；以特色文化为主线，推进文化、科技、旅游、休闲的创新融合，丰富产品供给，构建主客共享的多元化旅游休闲供给体系，培育壮大街区发展的新动能；在满足本地居民居住、生活与休闲服务功能的基础上，积极引导旅游休闲街区构建多元化、多层次的传播平台，形成特有的文化品牌体系；通过文旅融合、产城融合、街城融合，拓展旅游休闲消费空间，延长游客在街区、在城市的停留时间，发挥街区对城市旅游提质升级的带动作用。

4.4.3.5　旅游休闲街区建设要以主客共享理念为指引，完善旅游休闲服务与配套设施

从世界各地知名街区发展经验来看，那些能够让本地居民感受幸福，也能够让外来游客多次到访的城市旅游休闲街区，一定具有功能完善的物质基础和追求品质的生活态度。旅游休闲街区不能只有传统的生活空间，还要植入当代生活方式、现代商业业态和产业服务。这就需要积极引进满足游客与市民多元化需求的知名品牌和新兴业态，提升街区整体服务品质，营造城乡居民流连忘返的高品质生活场景，实现旅游休闲街区的持续繁荣。

商业接待体系的完善性和公共服务的便利性，是本地居民和外来游客共同的基本需求。旅游休闲街区不仅要有完善的旅游基础设施和优越的商业环境，更要营造便利的公共服务体系和现代化的治理生态。因此，以主客共享理念为指引，将外地游客的休闲需求增量叠加到本地居民的需求存量之上，统筹规划交通、餐饮、文化、娱乐、购物等商业接待体系和问询、公共厕所、投诉救援、应急管理等公共服务体系，提升服务的便利性与高效性，是旅游休闲街区建设的前提和关键。引导、支持街区营造优越的商业环境、高品质的生活环境和现代化的治理生态，提升服务品质，形

成整体休闲氛围的安全、秩序和品质感，营造一个可亲近、可感受、可触摸的休闲空间。只有让游客和居民能感受到触手可及的温暖，才能实现旅游休闲街区建设的根本宗旨。

4.4.3.6　旅游休闲街区建设要注重品质建设和品牌培育

旅游休闲街区在建设过程中应突出强调品质建设，通过诚信经营、优质服务、优良环境、品牌建设等环节塑造街区完美品质，提升街区形象，将其打造成城市旅游休闲的风向标。其中，诚信经营是品质核心。各旅游休闲街区管委会，应协同工商、质监等有关部门构建诚信体系，为消费者提供值得信赖的消费场所。同时，应加强对街区从业人员的培训，提升从业人员营业素质，改善从业人员的服务技能和服务态度，并建立完善售后服务体系，为街区服务和商品品质提升创造条件。另外，应保证能够提供安全、卫生的优良环境。

品牌建设是旅游休闲街区建设过程中的重要战略。街区品牌不仅向象征着一个街区的综合实力，还能带动周边区域的发展。旅游休闲街区建设应树立品牌意识，培育品牌成长，推广品牌发展，力争经过市场运作和精心培育，逐渐实现品牌化发展战略。

4.4.3.7　旅游休闲街区建设要注意生活方式和价值观的引领

在消费社会中，商品并不仅是物质产品，它还内蕴思想意识、价值观念和文化背景。选择和购买商品，同时也接受商品中所包含的观念，当这种观念为大多数人所接受时，商品消费也就推行了某种意识形态下的生活方式，人们在消费的过程中误以为获得了商品符号背后所传达的信息。要坚持"以文塑旅，以旅彰文"这一文化和旅游融合发展的根本思想。

第 5 章

国民休闲发展趋势与建议

5.1 国民休闲发展的趋势性特征

5.1.1 休闲的近程化、高频次趋势更加明显

近年来，城郊休闲与户外运动休闲市场火爆，民宿度假、郊野露营成为市场喜爱的主流休闲产品（李远方，2022）。城乡居民近程化休闲趋势不断显现。从国民休闲活动半径来看，与 2019 年相比，2022 年城乡居民休闲活动的近程化趋势日渐明显，60% 以上的城乡居民在距家 1~3 公里空间范围内进行休闲。除周末外，居民在小长假假期间，仍偏爱选择城郊休闲与户外运动休闲，休闲半径持续缩小。根据途牛出游数据显示，2023 年"五一"小长假期间，露营、登山、骑行、徒步、潜水、漂流、溯溪、野钓、滑翔伞、热气球等城市周边的户外活动成为休闲者出行的户外体验清单。城乡居民的休闲需求日趋旺盛，在出行距离缩短的同时，休闲的频次明显提升，消费场景趋于多元化。同以往周末聚集式的休闲相比，当下的休闲活动发生时间和频次均发生了变化，休闲活动不仅只在周末和节假日高频次发生，在闲暇时间较少的工作日，居民也更频繁地进行休闲活动，例如在下班后去商圈逛街、看电影、按摩洗浴等，以释放一天的工作压力。在小长假，城乡居民倾向于在假期内集中安排多种近程的休闲活动，以满足假期内多样的休闲体验需求。同时，随着休闲频次的增加，休闲活动消费场景不断拓展。休闲活动可以发生在社区花园、城市绿道、郊野公园、国家公园等一切有风景的开阔开放空间；也可以发生在咖啡馆、购物

中心、菜市场、酒店与民宿等商业环境中；或发生在文化馆、博物馆、美术馆、戏剧场等文化空间。

5.1.2 休闲活动选择更加趋于多元化，低门槛、强社交趋势明显

随着科技发展与社会"内卷"程度的加深，国民休闲需求日趋旺盛，呈现出多元化的特征，具体表现在需求多元化、产品选择多元化、消费空间多元化等方面。游客需求的多元化，体现在消费者不再满足于传统的休闲项目，休闲需求开始多样化。例如，近年火爆的城市漫游（citywalk）、飞盘、骑行等体育项目，其满足的都是国民不同的休闲需求。在传统优质旅游项目的基础上，不断出现新的热门休闲活动，并开始呈现出向小众领域延伸的趋势。体验新兴休闲活动与项目已成为一种新生活方式的体现。休闲活动越来越丰富，国民也越来越有意愿体验新的休闲方式。休闲消费空间的多元化，是国民休闲品质化的表现，城乡居民在休闲时更加注重沉浸式的体验感，对休闲消费空间提出了更高的要求。多元融合的主题性场景开始被用于营造休闲场景的氛围，以满足城乡居民对休闲的情感需求。

随着国民休闲理念的不断深入与强化，休闲作为一种健康的、愉快的生活方式，日益成为日常生活不可或缺的部分。在时间和空间的限制下，日益高涨的休闲性需求，开始推动人们选择一些门槛低，参与性强的休闲活动，以冲破地域约束、更好利用碎片化时间，获得良好的休闲体验。例如近几年火爆的全民健身，居民通过同体育主播互动，即可随时随地进行体育休闲，打造健康的生活方式。同时，休闲活动社交属性逐渐增强，成为人际交往与提升自我的一种途径。尤其是随着5G、大数据以及人工智能等科学技术的广泛应用，数字化休闲方式拓展了人与人的交往空间，打破了时间对交往的限制，使人际交往变得更加便捷快速，并且更容易结交到更多志同道合的朋友。

5.1.3 文化休闲、体育休闲需求旺盛

国民文化休闲需求日益高涨。随着我国国民经济迅猛发展，城乡居民人均收入持续增加，消费结构开始发生质的变化。国民休闲观念和生活方式也随之发生变化，开始由物质需求层次转向精神需求层次、自身健康和自我实现的价值。国民逐渐在文化休闲娱乐的消费上投入了更多的时间和物质，从而带动了文化休闲产业的不断发展。美术馆、图书馆、博物馆、展览馆、科技馆、历史文化街区、艺术表演场所等成为深受外地居民和本地游客共同喜爱的文化休闲场所，主客共享、文化引领的美好生活特征越来越明显。

国民掀起体育休闲热，健康休闲意识不断觉醒。随着社会发展进步，国民健康休闲理念不断增强，体育休闲需求日趋旺盛。近几年，"全民健身""citywalk""村 BA""村超"等新潮体育休闲方式或现象不断爆火，体现出国民对丰富体育休闲活动的追求。同时，体育休闲活动日趋社会化，各类全民皆可参与的大众体育赛事不断增加，参与体育休闲的人数呈现增长的趋势；"互联网＋"的形式极大推动了体育休闲的革命性发展（李霞等，2017）。目前，人们已习惯于把 APP 作为辅助运动的一种方式，倾向于选择运动指导类和运动监测类 APP，而私教、场馆预约等服务类的 APP 也不少，其中多数 APP 具有社交平台功能。为满足国民日益增长的体育休闲需求，各地政府也积极参与了体育休闲场所的打造，街头运动场所、体育公园、"口袋公园"不断增多，湿地公园和现代化体育场馆如雨后春笋般建成，给国民参与体育休闲提供了更多选择。此外，为鼓励国民积极参与体育休闲，各地政府在每年节假日、体育健身日内向国民免费或低收费开放体育场所，极大激发了体育休闲消费市场活力。

在国民文化休闲需求与体育休闲需求的引导下，各地政府积极打造文化休闲场所与体育休闲场地，大力促进休闲产业发展。在多方努力下，文化休闲产业、体育休闲将进入高速发展期。

5.1.4 多元融合，休闲活动场景数字化、智能化趋势日益显著

人工智能、大数据、云计算等技术广泛应用，不断推动休闲活动空间数字化转型与创造性提升，涌现出了网络化、智能化的创意场景，为外地游客和本地居民提供更加便捷性、趣味性和创新性的服务与体验。2023年，中国国家博物馆馆藏代表性文物西汉错金银云纹铜犀尊"数说犀尊"展，以数字化手段让市民和游客从视、听、触、互动思考等多维度深入感受犀尊所承载的文化价值。长安十二时辰主题街区、夜上黄鹤楼、"只有河南·戏剧幻城"、尼山圣境、上海天文馆等智慧旅游沉浸式场景不断为游客和市民提供着多样化的产品体验。未来，"科技＋"营造的数字化、网络化、智能化的创意场景，将更加深入地走进旅游景区、度假区、休闲街区、购物场所、文博场馆，进入人们休闲生活的每个环节。这就需要政府管理者、文化和旅游规划者与产业实践者回到日常生活场景，充分发挥文化创意、科技创新和商业创造在区域旅游、休闲资源开发、项目建设和业态培育中的积极作用，经由动能转换推进国民高质量发展。

5.2 国民休闲高品质发展的对策建议

5.2.1 完善国民休闲发展的政策环境

完善体系化的国民休闲发展规划，制定规范化的休闲行业标准。第一，政府作为国民休闲发展的"指挥棒"，应当从宏观层面明确休闲发展的大方向，从顶层设计的角度把控国民休闲发展全局，制定并完善体系化的国民休闲发展规划，从国家、省级、市区等层面因地制宜针对性地推动国民休闲。第二，政府应当出台规范化的休闲行业标准，以确保休闲产业健康可持续、高质量发展。具体标准应当涵盖休闲企业经营的规范、休闲产品的规范以及公共休闲设施的建设标准等，尤其是政府应当着力引导建

设一批标准化的高质量休闲设施，例如城郊公园、社区公园、特色口袋公园等。

贯彻落实双休日和带薪年休假制度，鼓励有条件的地方和单位实行弹性作息。时间是休闲活动产生的重要前提条件。政府应当依法采取强制性措施与经济激励性措施相结合的手段落实休假制度（王兴斌，2015）。从强制性措施层面来看，政府应当加强带薪年休假落实情况的监督检查，加强职工休息权益方面的法律援助，从法律、制度和政策等层面保护劳动者的休假权益，把落实职工带薪休假权利列入集体性协商合同的范畴之内，督促企业尊重职工的休假权益。从经济鼓励性措施层面来看，政府应运用经济手段鼓励企事业单位实行全员带薪休假制度，通过经济补贴或降低营业税等手段，鼓励企事业单位将奖励旅游、福利旅游支出列入其经营成本，倡导企事业单位开展奖励休假、福利休假等，以增加员工的休闲时间。其次，政府可以鼓励有条件的地方和单位调整作息安排，便于职工周五下午与周末结合外出休闲，例如，一些政府公共服务机构，可在不影响正常公务的情况下，酌情安排公务员轮休，以错峰进行休闲度假。落实人民的休息、休假和旅游权利，需要稳步增加法定节假日和带薪休假天数，也要在倾听民意的基础上，持续改进和优化节假日安排，才能更好地满足人民对美好生活的向往。2024 年部分年节和纪念日的放假安排，已体现了节假日布局的优化思路。

5.2.2　以需求为导向，丰富休闲产品和服务供给

丰富休闲产品体系，扩大有效供给，激发休闲消费潜力。随着国民休闲意识的觉醒，休闲需求呈现多元化、个性化、智能化、沉浸式等特征。休闲供给应充分考虑不同群体的休闲需求，不断升级，以为城乡居民提供更多的休闲产品选择。第一，在基础性休闲项目开发的基础上，针对不同群体提供不同的休闲产品，以满足不同人群的休闲需求，使休闲产品的受众覆盖面更广，体系更加丰富。例如，针对老年群体，除了打造口袋公园、棋牌室、博物馆等常见的休闲设施与项目外，还应开发一些适老性智

能休闲项目（李明明和王琪延，2022）；针对学生群体，除了常见体育场馆、手工作坊等休闲项目外，还可以结合学习的需要，打造一些研学性质的人文或自然类休闲项目。第二，推动实现文化深度融入休闲产品开发，打造系列文化休闲的特色产品。各地在进行休闲产品设计时，应探索文化休闲的新模式，在产品中植入当地特色文化，打造有辨识度、有地域特色的产品，尤其可以在休闲演艺方面做好特色化，并打造适配的文创产品。第三，打造智能化、线上休闲产品，尽最大努力帮助居民摆脱休闲时间与空间的限制。打造一系列可进行线上休闲的产品，使居民可以随时随地进行休闲，包括线上运动休闲产品，如 keep；线上视频平台，如各类直播软件、长短视频平台等；线上博物馆，如故宫推出的线上观展平台；线上娱乐平台，如唱歌软件、线上桌游等。第四，整合休闲产业与优质旅游资源，合理布局，策划不同类型的旅游休闲产品，例如结合文化与自然旅游资源，策划各类主题夏令营、研学休闲项目、城郊休闲活动，为亲子休闲、周末休闲提供更多选择，打造内容更为丰富的旅游休闲产品，以满足城乡居民的多样化休闲需求（刘圆圆，2022）。

挖掘个性化和品质化需求，推动休闲产业提质升级。全面建成小康社会以来，国民对休闲的需求已经从"有没有"到"好不好"，对休闲活动的个性化与品质化要求越来越明显。在休闲产品设计与休闲服务供给时，应当抓住国民的休闲需求高度个性化与高品质化的趋势，对产品和服务进行升级改造，以推动休闲产业的提质升级。休闲参与者的个性化和品质化需求的突出特点之一是更加注重体验感，因此在休闲产品开发时要注意加强休闲活动的体验性、参与性与互动感，打造更有品位和体验度的休闲产品与休闲场所。

提升从业人员服务意识，提高休闲服务质量。休闲产业归根结底是服务行业，服务质量作为休闲的"软件"，是影响居民休闲满意度的重要因素。如果产品、策略到位，休闲服务质量却跟不上，也会使休闲参与者的休闲体验大打折扣，不利于休闲产业的提质升级。首先，政府应当作为主导者同行业协会一起统一休闲服务的服务标准，提升从业人员的休闲服务意识，增强从业人员的休闲服务技能，做到专业、热情。其次，休闲供给单位应当加强对员工的专业技能培训，并对休闲场所、休闲产品进行更新与升级，以提升休闲服务的整体质量。

5.2.3　以"美好生活"，拓展休闲空间

从世界各地发展经验来看，那些能够让本地居民感受幸福，也能够让外来游客多次到访的目的地，不但具有功能完善的物质基础、追求品质的生活态度和优越繁荣的商业环境，还具有优质的产品和服务供给、舒适便利的公共服务体系和现代化的治理生态。这就需要地方政府以市场需求为导向，着力营造"近悦远来、主客共享"的美好生活新空间，让老百姓有的游、玩得好。提高政府主管部门捕捉市场需求变化的敏锐力，鼓励地方政府统筹当地的经济社会发展资源和老百姓的生活资源，着力营造主客共享的生活空间和当代场景，开发适合本地居民和游客需求的非传统优势资源，实现资源向高品质旅游产品和休闲体验对象转化，因势利导推进国民休闲和旅游发展创新。引导和支持各地对旅游景区、度假区、休闲街区、商圈、文博场馆、城郊公园的旅游利用；适应近程旅游和本地休闲的现实需要，推出一批郊野公园、社区公园、城市绿道与风景旅游线路和休闲项目，丰富产品供给。在此基础上，还要创新红色旅游、乡村旅游、研学旅行、美食旅游、夜间旅游等专项旅游产品体系，增加有效供给、优质供给、弹性供给，完善地铁、公交、共享汽车、共享单车等"目的地小交通"等公共服务，提升旅游与休闲服务质量。

5.2.4　优化休闲消费环境，释放国民消费潜能

休闲消费环境是影响国民进行休闲消费的重要因素，优质的休闲消费环境能激发国民的休闲需求，进一步释放消费潜能。优化休闲消费环境应当从基础设施、公共服务、市场监管这三个方面入手。政府应不断加强休闲基础设施的建设，打造便捷、舒适的交通方式与多元化的交通选择，同时优化休闲场所的卫生环境，给到访的休闲参与者更为优质的体验，同

时，一定程度上延长休闲场所的营业时间，刺激夜间休闲消费的市场，挖掘夜间休闲需求。在公共服务方面，应当注意休闲场所安保措施、医疗设施、水电设施、交通工具、厕所、垃圾桶等设施与服务的供给，让国民可以安心地进行休闲活动。从市场监管方面，政府主要是把控休闲场所的合法经营，避免宰客、欺客等侵害消费者权益的事件发生，让国民可以安心进行休闲消费。

参考文献

［1］蔡幸荣，郭进财，叶时硕．音乐与休闲舞蹈参与者的休闲涉入、流畅体验、休闲效益与幸福感关系之研究［J］．休闲观光与运动健康学报，2014，4（3）：42-59．

［2］曹保彦．深度休闲者参与型体育休闲行为研究——以自行车骑行者为例［J］．体育成人教育学刊，2020，36（3）：61-66．

［3］曾晓花．当代大学生日常休闲行为分析［J］．现代经济信息，2015（5）：421，436．

［4］陈金华，李洪波．历史文化名城老年人口休闲行为研究——以泉州市为例［J］．泰山学院学报，2007，138（2）：78-83．

［5］陈顺宣．何谓休闲［N］．浙江老年报，2006-05-05（8）．

［6］陈彦宏．大学生休闲动机、休闲满意度与主观幸福感的关系［D］．成都：四川师范大学，2008．

［7］程淑贤，韩会然，杨成凤．社区分异视角下建成环境对老年人日常休闲行为的影响——以合肥市为例［J］．热带地理，2022，42（12）：2063-2075．

［8］戴斌，李雪．旅游休闲街区：繁荣的商业和共享的生活［R］．旅游内参，2021-02-05．

［9］戴斌，李雪．小康社会的国民休闲：觉醒的权利与变化的行为［R］．旅游内参，2022-11-05．

［10］郝悦行．旅游虚拟社区顾客契合的形成与影响研究［D］．北京：北京交通大学，2021．

［11］赫巾齐．城市职业女性休闲行为特征及影响因素的实证研究
［J］．旅游纵览（下半月），2015（16）：62－63．

［12］洪秋艳．泉州城市白领女性休闲行为实证研究［J］．桂林航天工业高等专科学校学报，2011，16（1）：31－34．

［13］胡俊杰，吴明忠．风帆运动者认真性休闲、游憩专门化与流畅体验之研究［J］．运动与游憩研究，2012，7（1）：1－18．

［14］皇甫鹏帆，刘丽华．U时代大学生手机休闲行为及满意度实证研究［J］．中南林业科技大学学报（社会科学版），2014，8（1）：48－51．

［15］黄春晓，何流．城市女性的日常休闲特征——以南京市为例［J］．经济地理，2007，123（5）：796－799．

［16］黄红迷，骆培聪，宋朱元，等．城镇居民休闲行为研究——以福州市闽侯县甘蔗街道为例［J］．海南师范大学学报（自然科学版），2015，28（1）：76－81．

［17］蒋作明，曾坚萍．淮北市相山公园老人健身休闲行为调查［J］．体育文化导刊，2015，153（3）：50－53．

［18］解紫丹．城市地铁休闲行为影响因素及满意度研究［J］．无线互联科技，2013（4）：138－140．

［19］金仁重．济源市国民旅游休闲行为分析［J］．绿色科技，2015（7）：311－312．

［20］李春程，蓝艺渊，林明水．福州居民环境意识与旅游休闲行为特征研究［J］．山西师范大学学报（自然科学版），2015，29（2）：117－122．

［21］李翠林，杜豪楠．乌鲁木齐女性白领休闲行为的职业差异及影响因素［J］．西北师范大学学报（自然科学版），2021，57（5）：118－126．

［22］李明明，王琪延．新冠肺炎疫情下中国城市居民休闲行为研究——以北京市为例［J］．哈尔滨工业大学学报（社会科学版），2022，24（4）：84－90．

［23］李霞，彭洋，王梅，等．国民休闲运动指数——社会发展评价新型指标的探索［J］．体育科技，2017，38（5）：26－29.

［24］李远方．十项重点任务 激发旅游休闲发展内生动力［N］．中国商报，2022－07－26（003）.

［25］李臻．基于自我决定理论下森林公园游客旅游动机特征分析［D］．长沙：中南林业科技大学，2015.

［26］林志钧，钟季真．静态休闲——书法参与者之人格特质、休闲涉入与心流体验之关系［J］．观光旅游研究学刊，2014，9（2）：37－61.

［27］刘炳献．珠海市民休闲行为的实证研究［J］．特区经济，2016，329（6）：37－39.

［28］刘丰源，洪谷松．跆拳道品势运动深度休闲特质之研究［J］．运动与游憩研究，2010（5）：106－119.

［29］刘丽敏，虞虎，靳海涛．基于公交刷卡数据的北京城市居民周末户外休闲行为特征研究［J］．地域研究与开发，2018，37（6）：52－57.

［30］刘松，楼嘉军．深度休闲：国外文献述评与研究启示［J］．旅游学刊，2019，34（2）：137－146.

［31］刘圆圆．需求＋政策驱动 加速国民旅游休闲发展［N］．人民政协报，2022－07－29（009）.

［32］吕勤，王萍．大学生休闲行为和休闲动机研究——兼对大学生休闲市场的预测［J］．北京第二外国语学院学报，2008，159（7）：40－45.

［33］吕勤．4年间北京市居民休闲行为变化趋势［J］．北京第二外国语学院学报，2014，36（7）：85.

［34］马颖杰．中国古代"休闲"之一的内涵考述［EB/OL］．［2023－01－24］．http：//www.urbanchina.org/content/content_8456581.html.

［35］麦雪萍．广东省大学生运动休闲行为及休闲的价值取向［J］．体育学刊，2013，20（2）：73－75.

［36］齐兰兰，周素红．广州不同阶层城市居民日常家外休闲行为时空间特征［J］．地域研究与开发，2017，36（5）：57－63．

［37］申葆嘉．关于旅游与休闲研究方法的思考［J］．旅游学刊，2005，（6）：11－19．

［38］沈金勇．复合式游泳池会员的深度休闲特质对流畅经验之影响［D］．云林：国立云林科技大学，2008．

［39］史春云，杨旸，Timothy J Fik，等．绿地免费开放对不同收入居民休闲行为和地方情感的影响研究［J］．江苏师范大学学报（自然科学版），2017，35（3）：72－78．

［40］宋瑞．休闲与生活满意度：基于全国样本的实证分析［J］．中国软科学，2014（9）：55－66．

［41］孙姗姗．西安市雁塔区城市居民公园休闲行为特征实证研究［J］．旅游纵览（下半月），2015（2）：201－203．

［42］孙樱，陈田，韩英．北京市区老年人口休闲行为的时空特征初探［J］．地理研究，2001（5）：537－546．

［43］汤澍，汤淏，陈玲玲．深度休闲、游憩专门化与地方依恋的关系研究——以紫金山登山游憩者为例［J］．生态经济，2014，30（12）：96－103．

［44］王静．从中国古代休闲思想看现代休闲［D］．成都：四川大学，2007．

［45］王君飞．昆明城市周边休闲旅游行为研究［D］．昆明：云南师范大学，2009．

［46］王蕾，陈田，王昊，等．北京市老年户外休闲行为特征的时空变异分析——以2000年和2010年为例［J］．西北人口，2011，32（3）：94－99．

［47］王萌，王瑶．体育粉丝线上休闲行为及情绪特征透视［J］．当代体育科技，2018，8（35）：243－244．

［48］王敏．大学生网络游戏成瘾视阈下的休闲行为异化分析［J］．

文化创新比较研究，2018，2（31）：58－59.

［49］王姝杰，梁正，罗艳菊，等．大学生周末休闲行为特征研究——以海南师范大学为例［J］．海南师范大学学报（自然科学版），2011，24（3）：338－342.

［50］王兴斌．推动落实国民休假权利 促进国民旅游与休闲［N］．中国旅游报，2015－09－09（004）.

［51］韦耀阳，许怡．大学生休闲动机与休闲行为的关系研究［J］．渭南师范学院学报，2020，35（5）：64－70.

［52］谢进红，黄惠燕．休闲社交网络中的人际关系因素研究［J］．体育科学研究，2015（5）：69－74，79.

［53］邢晓燕，张茂林．高认同球迷的深度休闲行为解析［J］．体育成人教育学刊，2018，34（4）：42－47，95.

［54］徐秀玉，陈忠暖，杨尚文．大学生群体周末休闲行为特征分析——以广州市高校为例［J］．云南地理环境研究，2008（5）：89－93.

［55］杨国良．城市居民休闲行为特征研究——以成都市为例［J］．旅游学刊，2002（2）：52－56.

［56］杨香花，余琳，谭艳薇．城市女性日常休闲行为研究——以广东佛山为例［J］．襄樊学院学报，2012，33（5）：76－81.

［57］张玲玲，王嘉莉，吴子豪，等．基于空间句法的中国典型社区路网与休闲行为关联性研究［J］．新建筑，2021，198（5）：148－153.

［58］郑春霞，陶伟．高校女性教职工日常休闲行为探析——以广州高校为例［J］．人文地理，2007，95（3）：65－68.

［59］中国旅游研究院．中国休闲发展年度报告2011—2012［M］．旅游教育出版社，2012.

［60］中国旅游研究院．中国休闲发展年度报告2012—2013［M］．旅游教育出版社，2013.

［61］中国旅游研究院．中国休闲发展年度报告2014—2015［M］．旅游教育出版社，2015.

［62］中国旅游研究院．中国休闲发展年度报告 2016—2017［M］．旅游教育出版社，2017.

［63］中国旅游研究院．中国休闲发展年度报告 2019［M］．旅游教育出版社，2019.

［64］中国旅游研究院．中国休闲发展年度报告 2021［M］．旅游教育出版社，2021.

［65］中国旅游研究院．中国休闲发展年度报告 2022［M］．旅游教育出版社，2022.

［66］朱德琼．网络虚拟社会中大学生休闲行为实证研究［J］．贵阳学院学报（社会科学版），2020，15（1）：66－71.

［67］Ajzen I. From Intentions to Actions：A Theory of Planned Behavior［J］. Springer Berlin Heidelberg，1985.

［68］Beard J G，Ragheb M g. Measuring leisure satisfaction［J］. Journal of Leisure Research，1980，12（1）：20－33.

［69］Chen L H，Ye Y C，Chen M Y，et al. Alegría! Flow in Leisure and Life Satisfaction：The Mediating Role of Event Satisfaction Using Data from an Acrobatics Show［J］. Social Indicators Research，2005，71（1－3）：1－13.

［70］Chen Y C，Li R H，Chen S H. Relationships Among Adolescents' Leisure Motivation，Leisure Involvement，and Leisure Satisfaction：A Structural Equation Model［J］. Social Indicators Research，2013，110（3）：1187－1199.

［71］Crawford D W，Jackson E L，Godbey G. A hierarchical model of leisure constraints［J］. Leisure Sciences，1991，13（4）：309－320.

［72］Csikszentmihalyi M. Beyond boredom and anxiety［M］. San Francisco：Jossey-Bass，1975.

［73］Csikszentmihalyi M. Flow：The psychology of Optimal Experience［M］. New York：Harper and Row，1990.

［74］ Csikszentmihalyi M. The evolving self: a psychology for the third millennium ［J］. Journal of Leisure Research, 1995, 27 (3): 300.

［75］ Deci E L, Ryan R M. Self-determination theory: A macrotheory of human motivation, development, and health ［J］. Canadian psychology/Psychologie canadienne, 2008, 49 (3): 182 – 185.

［76］ Diener E, Lucas R E. Explaining Differences in Societal Levels of Happiness: Relative Standards, Need Fulfillment, Culture, and Evaluation Theory ［J］. Journal of Happiness Studies, 2000, 1 (1): 41 – 78.

［77］ Godbey G, Crawford D W, Shen X S. Assessing Hierarchical Leisure Constraints Theory after Two Decades ［J］. Journal of Leisure Research, 2010, 42 (1): 111 – 134.

［78］ Gould J, Moore D W, Mcguire F, et al. Development of the Serious Leisure Inventory and Measure ［J］. Journal of Leisure Research, 2008, 40 (1): 47 – 68.

［79］ Huang Y, Backman S J, Backman K F. Backman. Exploring the impacts of involvement and flow experiences in Second Life on people's travel intentions ［J］. Journal of Hospitality and Tourism Technology, 2012, 3 (1) 4 – 23.

［80］ Hwang H J, Choi I S. What is the reason for participating leisure?: Focused on Flow, Perceived Value, and loyalty ［J］. Journal of Tourism & Leisure Research, 2015, 27 (1): 253 – 270.

［81］ Mackenzie S H, Raymond E. A conceptual model of adventure tour guide well-being ［J］. Annals of Tourism Research, 2020 (84): 102977.

［82］ Stebbins R A. Serious leisure: A conceptual statement ［J］. Pacific Sociological Review, 1982, 25 (2): 251 – 272.

［83］ Wöran B, Arnberger A. Exploring relationships between recreation specialization, restorative environments and mountain hikers' flow experience ［J］. Leisure Sciences, 2012, 34 (2): 95 – 114.